Juan José Gúzman
Jorge Gomez Gómez
Velssy Hernández Riaño

INTRODUCCIÓN A LOS MODELOS DE REGRESIÓN YCLASIFICACIÓN CON ML

Juan José Gúzman
Jorge Gomez Gómez
Velssy Hernández Riaño

INTRODUCCIÓN A LOS MODELOS DE REGRESIÓN YCLASIFICACIÓN CON ML

Una Guía Práctica desde la Teoría hasta la Evaluación

PUBLICIA

Cover image: www.ingimage.com

Publisher:
PUBLICIA
is a trademark of
Dodo Books Indian Ocean Ltd. and OmniScriptum S.R.L publishing group

120 High Road, East Finchley, London, N2 9ED, United Kingdom
Str. Armeneasca 28/1, office 1, Chisinau MD-2012, Republic of Moldova, Europe
Managing Directors: Ieva Konstantinova, Victoria Ursu
info@omniscriptum.com

Printed at: see last page
ISBN: 978-620-8-87334-9

INTRODUCCIÓN A LOS MODELOS DE REGRESIÓN Y CLASIFICACIÓN CON ML

JUAN JOSÉ GUZMÁN PINEDA

JORGE GÓMEZ GÓMEZ

VELSSY HERNÁNDEZ RIAÑO

INTRODUCCIÓN A LOS MODELOS DE REGRESIÓN Y CLASIFICACIÓN CON ML

Una Guía Práctica desde la Teoría hasta la Evaluación

JUAN JOSÉ GUZMÁN PINEDA
JORGE GÓMEZ GÓMEZ
VELSSY HERNÁNDEZ RIAÑO

Sobre los Autores:

JUAN JOSÉ GÚZMAN PINEDA:

Ingeniero de Sistemas de profesión, egresado de la Universidad de Córdoba, actualmente cursando un Máster en Inteligencia Artificial en la Universidad Internacional de La Rioja. Desarrollador de software freelance y miembro activo del grupo de investigación Sócrates de la carrera de Ingeniería de Sistemas de la Universidad de Córdoba. A lo largo de mi trayectoria, he trabajado en proyectos de investigación enfocados en la aplicación de tecnologías IoT e Inteligencia Artificial en áreas como la agricultura y la medicina, contribuyendo al desarrollo de soluciones innovadoras y sostenibles. Su experiencia incluye el uso de tecnologías como Node.js, PHP, Java, Machine Learning, así como el desarrollo de bases de datos relacionales y no relacionales, además de la implementación de soluciones en entornos en la nube. Como investigador, he participado en proyectos orientados al diseño de sistemas inteligentes para el monitoreo, la trazabilidad y la optimización de procesos, integrando inteligencia artificial para el análisis predictivo, la toma de decisiones en tiempo real y la mejora de la eficiencia operativa. Estos proyectos han abordado problemáticas específicas en contextos agroindustriales y de salud, destacando por su impacto positivo en la calidad de vida y la sostenibilidad de los procesos productivos. Además de mis competencias técnicas, tengo experiencia en la gestión de proyectos interdisciplinarios, integrando hardware y software para ofrecer sistemas que combinan escalabilidad, rendimiento y usabilidad en escenarios críticos.

JORGE GÓMEZ GÓMEZ

Ingeniero de Sistemas de profesión egresado de la Fundación Universitaria San Martín, Magíster en Ingeniería Telemática de la Universidad del Cauca, Doctorado en Tecnologías de la Información y las Comunicaciones de la Universidad de Granada España, profesor de tiempo completo de la carrera de Ingeniería de Sistemas de la Universidad de Córdoba. Director del grupo de investigación SOCRATES de la carrera de Ingeniería de Sistemas de la Universidad de Córdoba, Editor jefe de la revista Ingeniería e Innovación de la Universidad de Córdoba. Miembro y fundador de la rama estudiantil IEEE de la Universidad de Córdoba. He publicado numerosos artículos en el área de Internet de las Cosas, Context Awareness, e-learning, redes de telecomunicaciones, en diferentes revistas indexadas en los índices JCR y SCOPUS. He desarrollado proyectos de investigación relacionados con seguridad ciudadana, ciudades inteligentes, Internet de las cosas para temas de salud, entre otros. Soy el coordinador del grupo de investigación en Computación Pervasiva de la carrera de Ingeniería de Sistemas de la Universidad de Córdoba. En este grupo de investigación desarrollamos actividades de investigación orientadas a sistemas inteligentes basados en tecnologías como RFID, NFC, QRCODE, sistemas de geolocalización, sistemas ubicuos y omnipresentes. También en este semillero los estudiantes proponen soluciones en los temas antes mencionados; los miembros participan activamente dentro y fuera de la universidad en actividades de investigación. Como resultado, muchos miembros han ganado premios regionales y nacionales. Además, he participado como jurado evaluador de revistas indexadas, tesis de maestría y doctorado. También soy editor invitado de la revista Computational and Mathematical Methods in Medicine-Hindawi. He sido profesor invitado de la Corporación Universitaria de la Costa, en el doctorado de Tecnologías de la Información y las Comunicaciones, en la materia Representación semántica de la información en entornos ubicuos. He sido profesor de la Universidad Cooperativa de Colombia en Montería del 2008 al 2015, donde impartí cursos de inteligencia artificial, bases de datos y redes de telecomunicaciones. De igual forma fui docente de la Universidad del Sinú en los años 2008 al 2015, donde también fui director del grupo de investigación GNOCIX de la carrera de Ingeniería de Sistemas. He sido conferencista en eventos nacionales e internacionales. A nivel internacional fui invitado por la Universidad Técnica Estatal de Quevedo Ecuador a impartir un seminario sobre Internet de las Cosas en el año 2014. En el año 2016 fui invitado por la Universidad de Babahoyo Ecuador a impartir un seminario taller sobre Sistemas Ubicuos. He participado en convocatorias internas de investigación de la Universidad de Córdoba, así como en convocatorias externas como Minciencias. En el 2025 fui invitado al Tecnológico de Monterrey – México, a realizar una estancia de investigación en la Escuela de Ingeniería y Ciencias.

Finalmente puedo decir que con la experiencia que he tenido a lo largo de los años como profesional, he contribuido a generar nuevos conocimientos, esto se ha reflejado en los artículos que he publicado, los trabajos de posgrado que he dirigido, los cursos que he impartido y la apropiación del conocimiento a la comunidad educativa. Dentro de la Rama IEEE de la Universidad de Córdoba, he impulsado la investigación y la proyección social del conocimiento a entornos sociales que lo han requerido.

VELSSY HERNÁNDEZ RIAÑO:

Es Ingeniera de Sistemas y tiene una Maestría en Ingeniería Telemática de la Universidad Francisco José de Caldas, Colombia. Es Profesora del Departamento de Ingeniería de Sistemas y Telecomunicaciones de la Universidad de Córdoba, además es Investigadora del grupo de investigación SOCRATES. Ha publicado numerosos artículos científicos en prestigiosas revistas nacionales e internacionales. Es miembro de la rama estudiantil IEEE de la universidad de Córdoba.

Resumen

El presente libro está desarrollado para aquellos lectores que desean introducirse al mundo de la inteligencia artificial. En primera instancia se hace una introducción sobre el aprendizaje automático, orígenes, evolución y aplicaciones. Seguidamente se aborda el aprendizaje supervisado y los diferentes algoritmos empleados para el entrenamiento de datos, que van desde resolución de problemas usando técnicas de regresión y de clasificación. En cada modelo de aprendizaje automático implementado se explican los fundamentos y se realizan ejercicios guiados, lo cual permite llevar al lector paso a paso en el proceso de aprendizaje. Este documento se convierte en una guía didáctica, que ofrece las herramientas para entender el funcionamiento de cada modelo empleado y sus aplicaciones. Al final de cada sección se plantean ejercicios para que el lector los desarrolle y ponga a prueba sus conocimientos.

Contenido

Introducción al Aprendizaje Automático

¿Qué es el Machine Learning?

El aprendizaje automático es una rama de la inteligencia artificial que se enfoca en desarrollar sistemas capaces de aprender patrones a partir de datos y tomar decisiones sin ser programados de forma explícita para cada situación específica (Goodfellow et al., 2016).

Por tanto, es un proceso de inducción del conocimiento y es fundamental para la clasificación de imágenes, el procesamiento de lenguaje natural y la toma de decisiones automatizadas.

Un concepto antiguo dado por Arthur Samuek, precursor de la empresa IBM, es "Aprendizaje automático: Campo de estudio que otorga a las computadoras la capacidad de aprender sin ser programadas explícitamente".

Otro intento de darle una definición, pero no tan clara, fue en 1998 por Tom Mitchell donde planteó un *problema de aprendizaje para los ricos* de la siguiente manera: "Problema de aprendizaje bien planteado: se dice que un programa de computadora aprende de la experiencia E con respecto a alguna tarea T y alguna medida de rendimiento P, si su rendimiento en T, medido por P, mejora con la experiencia E".

El aprendizaje automático, o machine learning, se clasifica en tres categorías principales que reflejan los paradigmas de aprendizaje según la naturaleza y disponibilidad de los datos. Estas categorías son: aprendizaje supervisado, aprendizaje no supervisado y aprendizaje por refuerzo.

Historia y evolución del aprendizaje automático

El aprendizaje automático (Machine Learning) es hoy una de las disciplinas más emocionantes de la inteligencia artificial, pero su origen se remonta a varias décadas atrás.

En los años 1950, Alan Turing ya se preguntaba si las máquinas podrían aprender de su experiencia (Machinery, 1950). Posteriormente, en 1959, Arthur Samuel acuñó el término "machine learning" al describir su programa de ajedrez de damas que mejoraba automáticamente con la práctica.

Durante las décadas de 1960 y 1970, surgieron los primeros algoritmos básicos como el perceptrón de Frank Rosenblatt (1958), pero el campo avanzó lentamente debido a limitaciones computacionales. No fue sino hasta finales de los 90 y principios de los 2000, con el crecimiento del poder de cómputo y la disponibilidad de grandes volúmenes de datos, que el aprendizaje automático vivió una explosión.

Hoy en día, gracias al surgimiento del deep learning y nuevas técnicas de optimización, Machine Learning está transformando industrias enteras, desde la medicina hasta el transporte autónomo (Goodfellow et al., 2016).

Tipos de aprendizaje: supervisado, no supervisado y por refuerzo

El aprendizaje automático se puede clasificar principalmente en tres grandes tipos:

Aprendizaje supervisado

En este enfoque, el modelo aprende a partir de un conjunto de datos etiquetado. Cada entrada está asociada a una salida correcta (etiqueta) y el objetivo es que el algoritmo generalice correctamente a nuevos datos. Ejemplos: clasificación de correos electrónicos como "spam" o "no spam", predicción del precio de una casa.

Aprendizaje no supervisado

Aquí no existen etiquetas. El algoritmo debe encontrar estructuras ocultas o patrones en los datos por sí mismo. Ejemplos: segmentación de clientes en marketing, agrupación de noticias similares.

Aprendizaje por refuerzo

Este tipo de aprendizaje se basa en la interacción con un entorno. El modelo toma decisiones secuenciales, recibe recompensas o penalizaciones y ajusta su estrategia para maximizar la recompensa total. Ejemplos: robots que aprenden a caminar, sistemas de recomendación que adaptan sugerencias dinámicamente.

Según Bishop & Nasrabadi (2006), "el aprendizaje automático puede ser visto como una búsqueda automatizada de modelos que minimicen el error y maximicen el conocimiento a partir de datos observados."

Aplicaciones del Machine Learning en la actualidad

Actualmente, Machine Learning es una tecnología omnipresente en la vida cotidiana y algunas de sus aplicaciones más destacadas incluyen:

- **Medicina:** Diagnóstico asistido por imagen, predicción de riesgos médicos, desarrollo de fármacos personalizados.
- **Finanzas:** Detección de fraudes, scoring crediticio, predicción de mercados.
- **Comercio electrónico:** Recomendadores de productos (como Amazon o Netflix), análisis de comportamiento de clientes.
- **Automoción:** Conducción autónoma, optimización de rutas, mantenimiento predictivo.
- **Agricultura:** Monitoreo inteligente de cultivos, predicción de cosechas, gestión de recursos hídricos.
- **Entretenimiento:** Creación automática de música, arte, personalización de contenidos.

Según Jordan & Mitchell (2015), el aprendizaje automático está reemplazando la programación tradicional en tareas donde no es práctico escribir reglas explícitas, favoreciendo enfoques basados en datos."

Fundamentos del Aprendizaje Supervisado

Definición y características

Es una rama del aprendizaje automático en la cual el modelo es entrenado a partir de datos etiquetados, es decir, pares de entrada y salida conocidos. El objetivo es que el modelo aprenda una función de mapeo que pueda generalizar a datos no vistos, permitiendo predecir salidas correctas para nuevas entradas.

Características principales:

- Presencia de etiquetas: El modelo dispone de la respuesta correcta durante el entrenamiento.
- Generalización: El desafío está en aprender patrones que funcionen no solo para los datos de entrenamiento, sino para nuevos ejemplos.
- Evaluación explícita: Es posible medir el desempeño del modelo utilizando métricas concretas como exactitud, precisión, recall o error cuadrático medio.

Diferencias entre clasificación y regresión

Dentro del aprendizaje supervisado, podemos distinguir dos grandes tipos de tareas:

Aspecto	**Clasificación**	**Regresión**
Tipo de salida	Discreta (categorías)	Continua (números reales)
Ejemplo de problema	¿Es un tumor benigno o maligno?	¿Cuál será el precio de esta casa?
Algoritmos típicos	SVM, Árboles de decisión, Naïve Bayes	Regresión lineal, Random Forest Regressor
Métricas comunes	Accuracy, Precision, Recall, F1-Score	MAE, MSE, RMSE, R^2

Parte I: Regresión

En esta primera parte, se estudia el concepto de regresión, uno de los pilares fundamentales del aprendizaje supervisado. Se exploran distintos tipos de modelos de regresión, desde la regresión lineal clásica hasta extensiones como Ridge, Lasso y modelos basados en transformaciones logarítmicas. El objetivo es comprender cómo modelar relaciones entre variables numéricas y predecir valores continuos de forma precisa.

Capítulo 1: Modelos de Regresión

1.1. Introducción a la Regresión

La regresión es una de las herramientas fundamentales del análisis estadístico y del aprendizaje supervisado. Su objetivo principal es modelar la relación entre una variable dependiente Y y una o más variables independientes *x*. Según Hastie (2009), la regresión busca encontrar la mejor aproximación lineal o no lineal a una relación subyacente entre variables.

Se habla de regresión cuando se busca encontrar una función matemática que aproxime el comportamiento de los datos observados, permitiendo así:

- Describir patrones entre variables.
- Predecir valores futuros de la variable dependiente.
- Estimar relaciones de causalidad en algunos casos.

Un ejemplo clásico es la relación entre la presión y el volumen de un gas a temperatura constante, donde al conocer el volumen, es posible predecir la presión (Jorge Dagnino S, 2014).

En el contexto del aprendizaje automático, los algoritmos de regresión son esenciales para problemas donde se desea estimar una variable continua como:

- El precio de un inmueble.
- La temperatura de un sistema.
- El ingreso anual de un individuo.

1.2. Regresión lineal

Es la forma más sencilla y más estudiada de regresión, basada en el principio de que existe una relación lineal entre las variables independientes *x* y la variable dependiente *y*.

La forma general de un modelo de regresión lineal múltiple es:

$$y = \beta_0 + \beta_1 x_1 + \beta_2 x_2 + \cdots + \beta_p x_p + \in$$

Esta ecuación asume el valor de y con la unión de dos componentes, los cuales son:

- ✔ β_0: lo que sería la constante o intercepto.
- ✔ $\beta_1, \beta_2, \ldots, \beta_p$: son los coeficientes de regresión.
- ✔ $\in$: es el término de error aleatorio

El método más común que tenemos para ajustar este modelo a los datos es el de mínimos cuadrados, que minimiza la suma de los errores cuadráticos entre las predicciones y los valores reales.

La regresión lineal es ideal para:

- Relaciones directas simples entre variables.
- Modelos donde la interpretabilidad es una prioridad.

1.3. Extensiones de la Regresión Lineal

Aunque la regresión lineal es muy poderosa, existen situaciones donde sus limitaciones requieren el uso de técnicas extendidas. Algunas de las principales extensiones son:

- **Regresión Ridge (Regularización L2)**

Este tipo de regresión, añade una penalización al modelo para evitar sobreajuste cuando hay muchas variables predictoras correlacionadas:

$$Minimizar\ ||y - X\beta||^2 + \lambda||\beta||^2$$

Donde λ controla la cantidad de regularización aplicada.

Esta regresión es buena para problemas de alta dimensionalidad y multicolinealidad.

- **Regresión Lasso (Regularización L1)**

Esta introduce una penalización basada en la suma de los valores absolutos de los coeficientes:

$$Minimizar\ ||y - X\beta||^2 + \lambda\sum|\beta_j|$$

Esta técnica puede reducir coeficientes a cero, realizando automáticamente selección de variables relevantes; ideal para problemas donde se desea un modelo parsimonioso y selección automática de variables.

- **Regresión Logarítmica**

En esta regresión, el predictor principal *x* se transforma mediante un logaritmo natural:

$$y = \beta_0 + \beta_1 ln(x) + \epsilon$$

Se utiliza cuando la relación entre X y Y no es lineal, sino que presenta un crecimiento desacelerado. Se suele usar para efectos de saturación y relaciones donde los incrementos en *x* tienen cada vez menor efecto en *y*.

1.4. Ejercicios Prácticos de Regresión

- **Regresión lineal simple, predicción de precio de casas**

Para comenzar, vamos a predecir el precio de una casa basado en su superficie

Comenzamos importando los paquetes necesarios, simulamos una serie de datos, realizamos la división de datos para entrenamiento y test, luego generamos el modelo, entrenamos y evaluamos.

```
import numpy as np
import matplotlib.pyplot as plt
from sklearn.linear_model import LinearRegression
from sklearn.model_selection import train_test_split

# Datos simulados
np.random.seed(0)
X = 2.5 * np.random.randn(100, 1) + 25  # Superficie
y = 2000 + 300 * X.flatten() + np.random.randn(100) * 1000  # Precio

X_train, X_test, y_train, y_test = train_test_split(X, y, test_size=0.2, random_state=42)

# Modelo
model = LinearRegression()
```

```
model.fit(X_train, y_train)

# Predicciones
y_pred = model.predict(X_test)

# Visualización
plt.scatter(X_test, y_test, color='blue', label="Datos reales")
plt.plot(X_test, y_pred, color='red', linewidth=2, label="Recta de regresión")
plt.xlabel('Superficie (m²)')
plt.ylabel('Precio ($)')
plt.legend()
plt.title('Regresión Lineal Simple - Precio de casas')
plt.show()
```

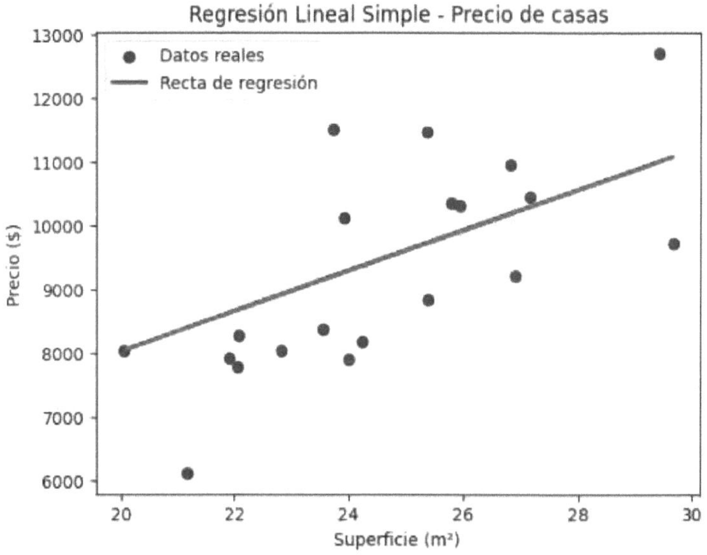

Ilustración 1. Regresión linean simple(creación propia)

Observamos una tendencia creciente; a mayor superficie, mayor precio, lo cual valida la hipótesis de una relación positiva entre las variables. La línea de regresión no atraviesa todos los puntos, pero su posición general refleja correctamente la dirección de la tendencia central. Hay algunos puntos alejados de la recta, lo que indica la presencia de ruido o variabilidad natural en los datos (por ejemplo, casas con precios atípicos por otras características no modeladas).

- **Regresión Ridge, predicción de consumo de energía**

Con la Ridge, vamos a predecir el consumo de energía basado en temperatura y humedad.

Similar al proceso anterior, lo implementamos de la siguiente manera:

```
import pandas as pd
from sklearn.linear_model import Ridge
from sklearn.model_selection import train_test_split

# Datos ficticios generado
np.random.seed(0)
data = {
    'temperatura': np.random.uniform(15, 35, 200),
    'humedad': np.random.uniform(30, 90, 200),
}
data['consumo_energia'] = 500 + (data['temperatura'] * 10) - (data['humedad'] * 2) +
np.random.randn(200) * 50

df = pd.DataFrame(data)

X = df[['temperatura', 'humedad']]
y = df['consumo_energia']

X_train, X_test, y_train, y_test = train_test_split(X, y, test_size=0.3, random_state=42)

# Modelo Ridge
model = Ridge(alpha=1.0)
model.fit(X_train, y_train)
```

```
print(f"Coeficientes: {model.coef_}")
print(f"Intercepto: {model.intercept_}")
```

```
Coeficientes: [10.89513419 -2.0035555 ]
Intercepto: 474.2274192713855
```

Analizando los coeficientes tenemos:

Temperatura (coef. ≈ 10.89): Por cada grado adicional de temperatura, el modelo predice un incremento de aproximadamente 10.89 unidades en el consumo energético, manteniendo constante la humedad. Esto es coherente con el comportamiento real, donde a mayor temperatura, se requiere más energía para refrigeración.

Humedad (coef. ≈ -2.00): Por cada unidad adicional de humedad relativa, el consumo energético disminuye en promedio 2 unidades. Este efecto puede deberse a que en condiciones más húmedas (y posiblemente nubladas), se reduzca la carga térmica y por tanto la demanda de enfriamiento.

Intercepto (≈ 474.23**):** Representa el consumo base de energía cuando la temperatura y la humedad son cero. Aunque no tiene un significado físico directo (pues estos valores no ocurren), es necesario para ajustar correctamente la función lineal.

Este ejercicio nos demuestra cómo un modelo de regresión regularizado puede capturar relaciones lineales directas y opuestas entre variables ambientales y una respuesta cuantitativa como el consumo energético.

- **Regresión Lasso, selección automática de variables**

Ahora aplicaremos Lasso para realizar regresión con selección automática de características. Vamos a trabajar con el dataset anterior.

```
from sklearn.linear_model import Lasso

# Mismo dataset anterior
model = Lasso(alpha=0.1)
model.fit(X_train, y_train)

print(f"Coeficientes: {model.coef_}")
print(f"Intercepto: {model.intercept_}")
```

```
Coeficientes: [10.894458   -2.00329064]
Intercepto: 474.22890407026193
```

En este caso, Regresión Lasso nos confirmó que ambas variables (temperatura y humedad) son relevantes, ya que ningún coeficiente fue reducido a cero. Esto nos sugiere que no había redundancia ni irrelevancia en las variables seleccionadas. Aunque su capacidad de seleccionar variables no se evidenció aquí, lo cual indica que sigue siendo una técnica útil cuando se trabaja con muchos predictores y se desea simplificar el modelo.

- **Regresión Logarítmica, predicción de salario en función de años de experiencia**

Ahora, procedemos a predecir un salario transformando el predictor usando logaritmo.

```
from sklearn.linear_model import LinearRegression
import numpy as np

# Datos simulados
np.random.seed(0)
```

```
experiencia = np.random.uniform(1, 30, 100)
salario = 20000 + 10000 * np.log(experiencia) + np.random.randn(100) * 5000

# Transformacion del predictor
experiencia_log = np.log(experiencia).reshape(-1,1)

X_train, X_test, y_train, y_test = train_test_split(experiencia_log, salario, test_size=0.2,
random_state=42)

# Modelo
model = LinearRegression()
model.fit(X_train, y_train)

# Predicciones
y_pred = model.predict(X_test)

# Visualización
plt.scatter(np.exp(X_test), y_test, color='green', label="Datos reales")
plt.plot(np.exp(X_test), y_pred, color='red', linewidth=2, label="Modelo logarítmico")
plt.xlabel('Años de experiencia')
plt.ylabel('Salario ($)')
plt.legend()
plt.title('Regresión Logarítmica - Predicción de Salario')
plt.show()
```

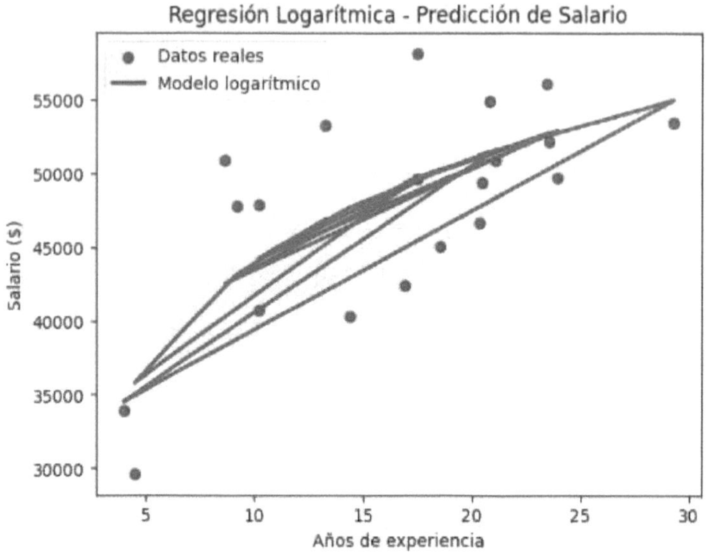

Ilustración 2. Regresión logarítmica (creación propia)

Observamos que la tendencia general del modelo es ascendente, lo cual es coherente a mayor experiencia, mayor salario. Por otro lado, la forma curva del modelo refleja el supuesto central de esta técnica, los aumentos en experiencia tienen rendimientos decrecientes en el salario.

Sin embargo, el gráfico nos muestra una línea quebrada en lugar de una curva suave. Esto ocurre porque en el código original se graficó el modelo sobre el conjunto de prueba (X_test), que no está ordenado.

Podemos concluir que el modelo logra capturar la forma general de la relación, pero una mejor visualización permitiría evaluar más claramente la suavidad del ajuste. Aun así, la regresión logarítmica resulta útil en contextos donde el efecto de la variable independiente disminuye progresivamente con su valor.

A lo largo de esta sección, se aprendimos a construir, interpretar y evaluar modelos de regresión para predecir variables continuas, presentando tanto métodos básicos como técnicas de regularización para mejorar la capacidad de generalización de los modelos.

Parte II: Algoritmos Basados en Árboles de Decisión

En esta parte se introduce la clasificación mediante árboles de decisión, una de las técnicas más interpretables en Machine Learning. Se estudia cómo se construyen los árboles, los criterios para realizar particiones, el riesgo de sobreajuste y las técnicas de poda para mejorar la generalización del modelo.

Capítulo 2: Árboles de Decisión

1.1. Introducción a los Árboles de Decisión

1.1.1. ¿Qué son los árboles de decisión?

Los árboles de decisión son modelos de aprendizaje supervisado utilizados en tareas de clasificación y regresión. Su estructura jerárquica permite dividir un conjunto de datos en subconjuntos cada vez más pequeños mediante reglas de decisión basadas en los valores de las variables de entrada. Como explica Quinlan (1986), los árboles de decisión combinan simplicidad y poder predictivo al dividir el espacio de datos en regiones homogéneas.

Cada nodo interno representa una decisión basada en una característica específica, cada rama es el resultado de la decisión y cada hoja contiene una clase o un valor numérico para la predicción.

Su simplicidad e interpretabilidad los hacen ideales para problemas donde la transparencia en la toma de decisiones es importante.

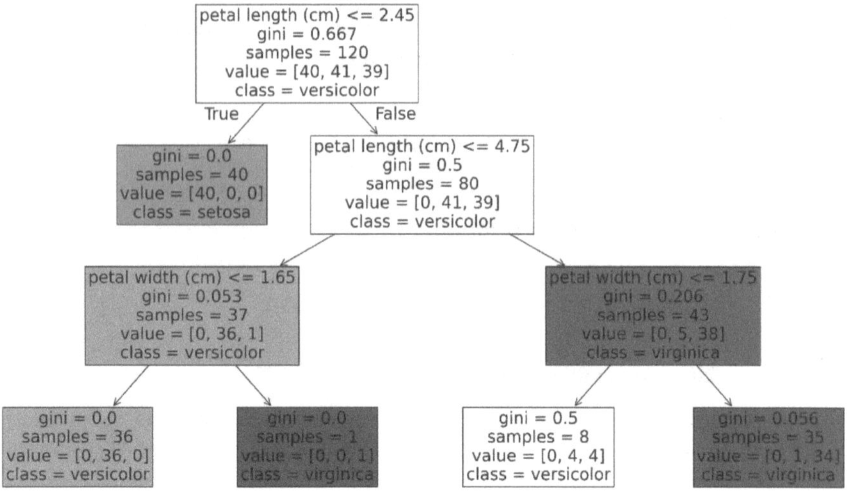

Ilustración 3. Ejemplo de árbol de decisión (creación propia)

1.1.2. ¿Cómo se construyen los árboles?

El proceso de construcción de un árbol de decisión sigue un enfoque recursivo, dividiendo los datos en función de criterios de partición hasta cumplir un criterio de detención.

Pasos del algoritmo

1. Seleccionar la característica de división
   - ✔ Se elige la variable y el umbral que mejor separa las clases en clasificación o reduce la varianza en regresión.
   - ✔ Se utilizan criterios como la ganancia de información o el índice de Gini.
2. División del nodo
   - ✔ Los datos se dividen en subconjuntos según la variable seleccionada.
3. Repetición del proceso
   - ✔ Se aplica recursivamente la partición hasta alcanzar un criterio de parada, como profundidad máxima o número mínimo de observaciones por nodo.
4. Poda del árbol (opcional)
   - ✔ Se eliminan ramas innecesarias para evitar sobreajuste.

1.2. Criterios de División en los Árboles de Decisión

La elección del criterio de división impacta directamente en la calidad del modelo. Los criterios más utilizados son:

- **Índice de Gini**

Mide la impureza de un nodo. Su valor oscila entre **0** (puro) y **1** (completamente mixto). La fórmula es:

$$Gini = 1 - \sum p_i^2$$

Donde p_i es la proporción de ejemplos de la clase i en el nodo.

Interpretación:

- Si un nodo tiene solo elementos de una clase, el índice de Gini es **0** (máxima pureza).
- Si un nodo tiene distribución equitativa entre varias clases, el índice de Gini se acerca a **1** (máxima impureza).

Ejemplo de cálculo:
Supongamos un nodo con 10 ejemplos, donde 4 pertenecen a la clase A y 6 a la clase B.

$$Gini = 1 - \left(\left(\frac{4}{10}\right)^2 + \left(\frac{6}{10}\right)^2\right) = 1 - (0.16 + 0.36) = 0.48$$

Un valor de 0.48 indica que el nodo aún tiene impureza y puede mejorarse con otra división.

Ventajas:

- ✔ Se calcula rápidamente.
- ✔ Es menos sensible a clases desbalanceadas en comparación con la entropía.

- **Entropía y Ganancia de Información**

La entropía mide la incertidumbre de una partición:

$$Entropia = -\sum p_i^2 log_2(p_i)$$

Ejemplo de cálculo:
Si en un nodo hay 5 ejemplos de clase A y 5 de clase B, la entropía será:

$$Entropia = -(0.5\ log_2(0.5) + 0.5\ log_2(0.5)) = 0.5 * -1 + 0.5 * -1 = 1$$

Si todos los ejemplos fueran de la misma clase, la entropía sería **0** (nodo puro).

La ganancia de información calcula cuánto reduce la entropía una división del nodo:

$$Ganacia = Entropia_{padre} - \sum \left(\frac{N_{hijo}}{N_{padre}} Entropia_{hijo} \right)$$

Cuanto mayor es la ganancia de información, mejor es la división.

Ejemplo: Si un nodo tiene entropía 1, y tras la división los nodos hijos tienen entropías 0.5 y 0.3, la ganancia sería:

$$Ganacia = 1 - (0.5 * 0.5 + 0.5 * 0.3) = 1 - (0.25 + 0.15) = 0.6$$

Ventajas

- Es más precisa para medir la pureza en comparación con Gini.
- Funciona bien en problemas donde las clases no están balanceadas.

1.3. Hiperparámetros Clave en Árboles de Decisión

Los árboles de decisión pueden sobreajustarse fácilmente si no se controlan ciertos hiperparámetros. Los más importantes son:

- **max_depth**: Límite en la profundidad del árbol. Un valor alto puede causar sobreajuste.
- **min_samples_split**: Número mínimo de muestras necesarias para dividir un nodo.
- **min_samples_leaf**: Número mínimo de muestras que debe tener un nodo hoja.
- **criterion**: Función de división (Gini o Entropía).

1.3.1. Poda de los Árboles de Decisión

Sin poda, los árboles pueden sobreajustarse, ajustándose demasiado a los datos de entrenamiento y perdiendo capacidad de generalización. Hay dos tipos de poda:

- **Prepoda (pre-pruning)**

Se detiene la construcción del árbol cuando se cumplen ciertos criterios, como una profundidad máxima o un número mínimo de observaciones en un nodo.

- **Pospoda (post-pruning)**

Se construye el árbol completamente y luego se eliminan nodos irrelevantes evaluando su impacto en los datos de validación.

Ejemplo: En un árbol de predicción de enfermedades, una rama que solo considera un grupo pequeño de pacientes podría eliminarse para mejorar la generalización del modelo.

1.4. Implementación en Python

En Jupiter Lab o Google Colab, se ejecuta el siguiente código para visualizar como se forma el árbol:

Se importan las librerías necesarias

```
from sklearn.datasets import load_iris

from sklearn.tree import DecisionTreeClassifier, plot_tree

from sklearn.model_selection import train_test_split

import matplotlib.pyplot as plt
```

Se cargar el dataset y posteriormente se hace la división de datos de entrenamiento(80%) y test (20%)

```
iris = load_iris()

X, y = iris.data, iris.target

X_train, X_test, y_train, y_test = train_test_split(X, y, test_size=0.2, random_state=42)
```

Se entrena el árbol tomando como criterio de división el índice Gini y con un límite de profundidad de 3

```
clf = DecisionTreeClassifier(criterion="gini", max_depth=3, random_state=42)

clf.fit(X_train, y_train)
```

Se visualiza el árbol para interpretar cómo toma decisiones.

```
plt.figure(figsize=(12, 6))

plot_tree(clf, filled=True, feature_names=iris.feature_names, class_names=iris.target_names)
```

```
plt.show()
```

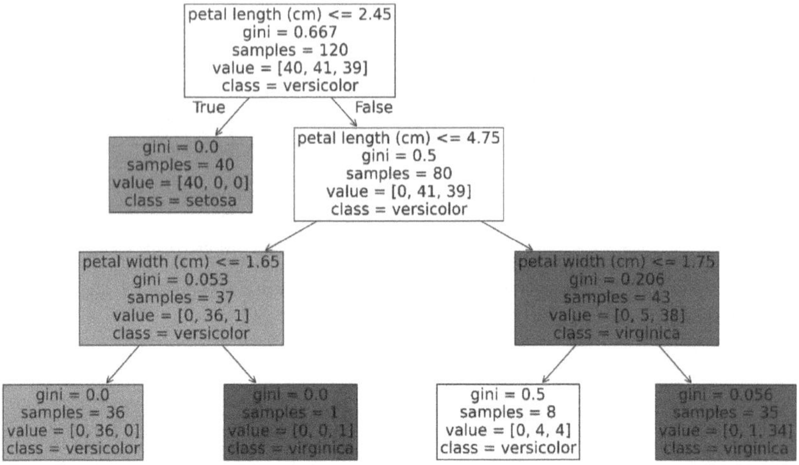

Ilustración 4. Árbol de decisión (creación propia)

1.5. Ejercicios prácticos

1.5.1. Diagnóstico Médico con Árboles de Decisión y Poda

Vamos a construir un modelo de árbol de decisión para diagnosticar si un tumor es maligno o benigno a partir de características clínicas. Se utilizará poda por hiperparámetros (max_depth, min_samples_leaf) para mejorar la generalización del modelo y al final comparar los resultados.

Comenzamos importando las clases a utilizar, también cargando el dataset *breast_cancer* de la librería *sklearn* y posteriormente se realiza la división de los datos.

```
from sklearn.datasets import load_breast_cancer

import pandas as pd

from sklearn.model_selection import train_test_split

from sklearn.tree import DecisionTreeClassifier

from sklearn.metrics import classification_report
```

```
# carga de datos
data = load_breast_cancer()
X = pd.DataFrame(data.data, columns=data.feature_names)
y = data.target  # 0 = maligno, 1 = benigno

# división de datos
X_train, X_test, y_train, y_test = train_test_split(X, y, test_size=0.3, random_state=42)
```

A continuación, vamos a realizar el entrenamiento de los dos modelos, uno completo y uno "podado"

```
# modelo completo
clf_full = DecisionTreeClassifier(random_state=42)
clf_full.fit(X_train, y_train)

# modelo con restricciones de poda
clf_pruned = DecisionTreeClassifier(max_depth=4, min_samples_leaf=5, random_state=42)
clf_pruned.fit(X_train, y_train)
```

Para ver los rendimientos y comparar ambos modelos, vamos a ver los reportes de clasificaciones de cada uno.

```
print("Árbol sin poda:\n", classification_report(y_test, clf_full.predict(X_test)))
print("\nÁrbol podado:\n", classification_report(y_test, clf_pruned.predict(X_test)))
```

```
Árbol sin poda:
              precision    recall  f1-score   support

           0       0.90      0.95      0.92        63
           1       0.97      0.94      0.95       108

    accuracy                           0.94       171
   macro avg       0.93      0.94      0.94       171
weighted avg       0.94      0.94      0.94       171
```

Árbol podado:

	precision	recall	f1-score	support
0	0.94	0.95	0.94	63
1	0.97	0.96	0.97	108
accuracy			0.96	171
macro avg	0.95	0.96	0.96	171
weighted avg	0.96	0.96	0.96	171

Analizando los resultados por clase, tenemos:

Clase 0 – Tumor maligno:

- ✔ El árbol podado aumentó la precisión de 0.90 a 0.94, reduciendo los falsos positivos (casos benignos mal clasificados como malignos).
- ✔ El recall se mantuvo en 0.95, lo que indica que la mayoría de los tumores malignos reales fueron detectados correctamente.
- ✔ El F1-score mejoró, reflejando un mejor equilibrio entre sensibilidad y precisión.

Clase 1 – Tumor benigno:

- ✔ La precisión se mantuvo en 0.97, lo cual es excelente.
- ✔ El recall aumentó de 0.94 a 0.96, es decir, el árbol podado clasificó correctamente un mayor número de tumores benignos.
- ✔ El F1-score también se elevó, alcanzando 0.97, lo que indica una mejora global.

Con los resultados vistos, podemos concluir que el árbol podado logró un mejor equilibrio entre precisión, recall y simplicidad del modelo. A pesar de ser más simple (menor profundidad y más muestras por hoja), mejora la exactitud total y las métricas clave por clase.

Esto demuestra que podar el árbol no solo reduce el riesgo de sobreajuste, sino que también nos puede mejorar el rendimiento general, especialmente en problemas sensibles como el diagnóstico clínico. Además, un árbol más corto es más fácil de interpretar por especialistas médicos, lo cual añade valor práctico más allá de lo numérico.

1.5.2. Clasificación multiclase con variables categóricas (tipo de cobertura del suelo)

En este ejercicio de clasificación, vamos a predecir el tipo de cobertura de suelo (bosque, pasto, agua, urbano, etc.) usando datos simulados de sensores satelitales y luego evaluamos con matriz de confusión, también veremos importancia de cada variable en la clasificación.

Comenzamos con las importaciones las clases requeridas, simulamos un dataset con make_classification y dividimos con 70% de la data para entrenar y 30% para evaluación.

```
import numpy as np
from sklearn.datasets import make_classification
from sklearn.tree import DecisionTreeClassifier
from sklearn.model_selection import train_test_split
from sklearn.metrics import confusion_matrix, ConfusionMatrixDisplay
import seaborn as sns
import pandas as pd

X, y = make_classification(n_samples=1000, n_features=10, n_classes=4, n_informative=6, random_state=42)
X_train, X_test, y_train, y_test = train_test_split(X, y, test_size=0.3, random_state=42)
```

Ahora, vamos a entrenar el modelo

```
clf = DecisionTreeClassifier(max_depth=6, random_state=42)
clf.fit(X_train, y_train)
```

Miramos como queda la matriz de confusión

```
y_pred = clf.predict(X_test)
disp = ConfusionMatrixDisplay(confusion_matrix(y_test, y_pred))
disp.plot(cmap='Blues')
plt.title("Matriz de Confusión – Cobertura del Suelo")
plt.show()
```

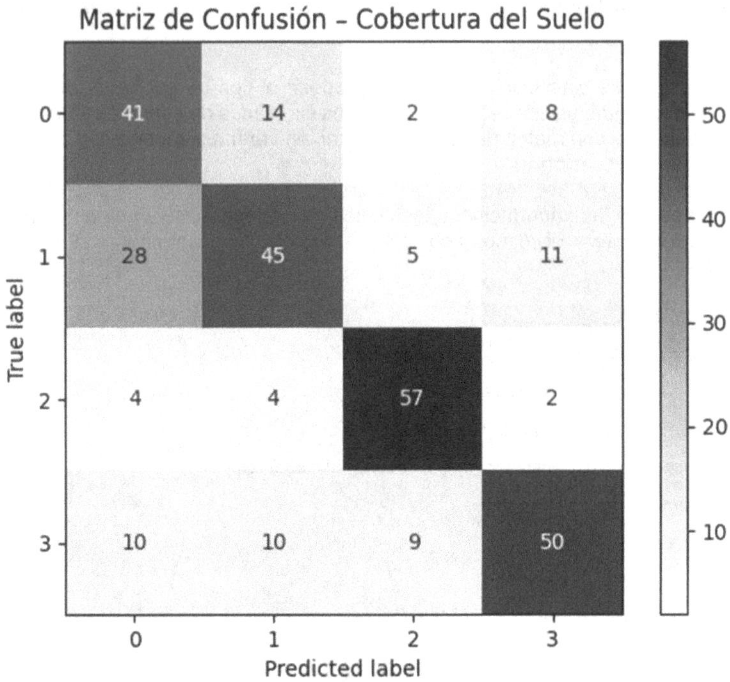

Ilustración 5. Matriz de confusión (creación propia)

A partir de la matriz de confusión, observamos que el modelo de árbol de decisión clasifica con alta precisión la clase 2, mientras que muestra confusión entre las clases 0 y 1. Estas confusiones pueden deberse a características compartidas o solapamiento en el espacio de características. Aunque clase 3 también presenta buen rendimiento, su leve dispersión entre clases indica que podría beneficiarse de:

- Más ejemplos de entrenamiento.
- Variables adicionales que ayuden a su separación.
- Un modelo de ensamblado (como Random Forest) que pueda refinar las fronteras de decisión.

En términos generales, podemos decir que el modelo demuestra un rendimiento aceptable para clasificación multiclase.

Ahora veremos la importancia de las clases en la clasificación

```
importances = clf.feature_importances_
sns.barplot(x=importances, y=[f'Band {i+1}' for i in range(X.shape[1])])
plt.title("Importancia de Variables – Sensores Satelitales")
plt.xlabel("Importancia Relativa")
plt.show()
```

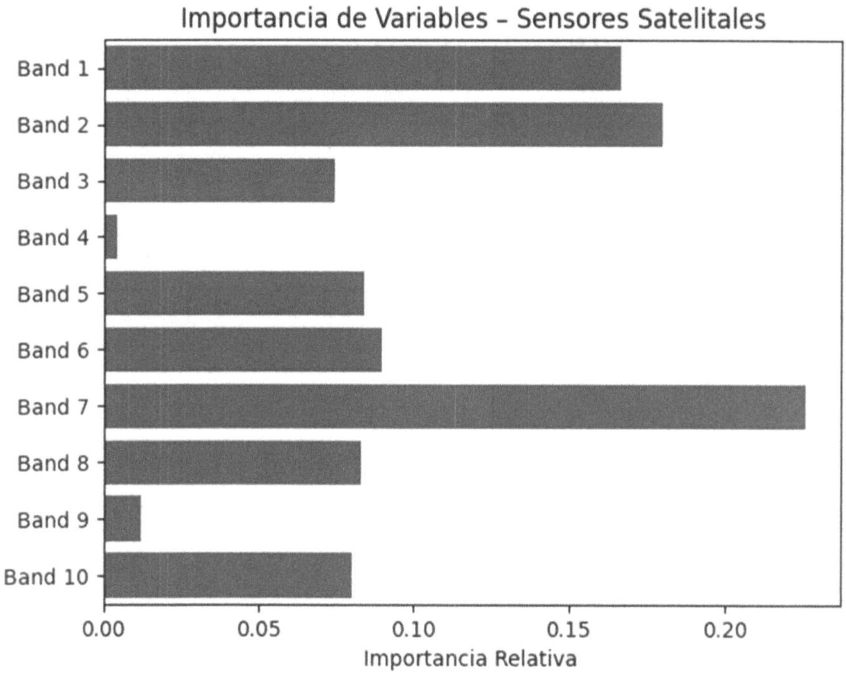

Ilustración 6. Importancia de variables (creación propia)

De la importancia de análisis de variables podemos decir que:

- Band 7 se destaca como la variable más importante del modelo, con una contribución superior al 22%, lo que indica que esta banda proporciona la mayor discriminación entre clases. Esto sugiere que Band 7 tiene una fuerte relación con ciertas coberturas específicas (posiblemente cuerpos de agua, áreas urbanas o vegetación densa, según el contexto espectral).

- Band 1 y 2 también tienen una influencia significativa (≈16-18%), lo que implica que son útiles en etapas tempranas del árbol, probablemente separando coberturas de tipo general como bosque vs no bosque.

- Band 4 y 9 tienen una importancia muy baja (<2%), lo que indica que no contribuyen significativamente a la clasificación y podrían incluso eliminarse sin afectar el rendimiento del modelo.

1.5.3. Árbol de Decisión usando el Dataset Titanic con tratamiento de valores faltantes y codificación de variables

Ahora vamos a construir un modelo un poco más avanzado, vamos a predecir si un pasajero sobrevivió al hundimiento del Titanic, aplicando un árbol de decisión con tratamiento de valores faltantes, codificación de variables categóricas y el entrenamiento lo haremos en un pipeline completo y reproducible.

Comenzaremos importando las librerías necesarias para todo el proceso, también traemos el dataset de Titanic y visualizamos las variables disponibles.

```
import pandas as pd
from sklearn.model_selection import train_test_split
from sklearn.impute import SimpleImputer
from sklearn.preprocessing import OneHotEncoder
from sklearn.compose import ColumnTransformer
from sklearn.pipeline import Pipeline
from sklearn.tree import DecisionTreeClassifier
from sklearn.metrics import classification_report

# cargue dataset
url = "https://raw.githubusercontent.com/datasciencedojo/datasets/master/titanic.csv"
df = pd.read_csv(url)

# columnas disponibles
df[['Survived', 'Pclass', 'Sex', 'Age', 'SibSp', 'Parch', 'Fare', 'Embarked']].head()
```

	Survived	Pclass	Sex	Age	SibSp	Parch	Fare	Embarked
0	0	3	male	22.0	1	0	7.2500	S
1	1	1	female	38.0	1	0	71.2833	C
2	1	3	female	26.0	0	0	7.9250	S
3	1	1	female	35.0	1	0	53.1000	S
4	0	3	male	35.0	0	0	8.0500	S

Ilustración 7. Ejemplo de dataset (creación propia)

Vamos a usar columnas que aportan información directa sobre la condición del pasajero y a separar el 30% de los datos para evaluar el rendimiento del modelo.

La variable objetivo es Survived donde 0 = no(no sobrevive) y 1 = sí(sí sobrevive), las columnas seleccionas son Pclass, Sex, Age, Fare y Embarked,donde tenemos como variables numéricas a Age y Fare, Variables categóricas a Sex y Embarked, y con datos faltantes a Age y Embarked

```
# Seleccion variables
features = ['Pclass', 'Sex', 'Age', 'Fare', 'Embarked']
X = df[features]
y = df['Survived']

# División entrenamiento/prueba
X_train, X_test, y_train, y_test = train_test_split(X, y, test_size=0.3, random_state=42)
```

Para el preprocesador del pipeline lo armaremos de esta forma

- Imputar los valores faltantes con mediana en Age y Fare usando SimpleImputer
- Para transformar Sex y Embarked en variables binarias (dummy) usaremos OneHotEncoder.
- Para permitir el mantenimiento de Pclass sin transformar usaremos remainder='passthrough'

```
# Definicion de variables categóricas y numéricas
```

```
cat_cols = ['Sex', 'Embarked']
num_cols = ['Age', 'Fare']

# Preprocesador
preprocessor = ColumnTransformer(transformers=[
    ('num', SimpleImputer(strategy='median'), num_cols),
    ('cat', OneHotEncoder(handle_unknown='ignore'), cat_cols)
], remainder='passthrough') # incluye Pclass como está (ya es numérica)
```

¡Ahora vamos a construir el pipeline y a entrenar!

```
# Construccion del pipeline completo
pipe = Pipeline(steps=[
    ('prep', preprocessor),
    ('clf', DecisionTreeClassifier(max_depth=4, min_samples_leaf=10, random_state=42))
])

# Entrenamiento
pipe.fit(X_train, y_train)
```

Realizamos la respectiva evaluación del modelo

```
# Prediccion y evaluacion
y_pred = pipe.predict(X_test)
print(classification_report(y_test, y_pred, target_names=['No sobrevivió', 'Sobrevivió']))
```

```
              precision    recall  f1-score   support

No sobrevivió       0.78      0.92      0.85       157
   Sobrevivió       0.85      0.63      0.73       111

     accuracy                           0.80       268
    macro avg       0.82      0.78      0.79       268
 weighted avg       0.81      0.80      0.80       268
```

Analizando, tenemos que:

Clase 0 – No sobrevivió:

- ✔ El modelo tiene un alto recall (0.92), es decir, detecta correctamente la mayoría de quienes no sobrevivieron.
- ✔ Sin embargo, su precisión (0.78) indica que algunos sobrevivientes fueron mal clasificados como fallecidos.
- ✔ El F1-score (0.85) es alto, lo que muestra un buen balance.

Clase 1 – Sobrevivió:

- ✔ Tiene mejor precisión (0.85) que recall, lo que implica que cuando predice que alguien sobrevivió, generalmente acierta.
- ✔ Pero su recall (0.63) es bajo: el modelo está dejando pasar muchos verdaderos sobrevivientes, clasificándolos erróneamente como fallecidos.
- ✔ El F1-score de 0.73 indica un rendimiento aceptable, pero mejorable.

De forma general podemos decir que con un accuracy general de 80% es un rendimiento razonable para un árbol simple; la macro media (promedio simple entre clases) muestra un pequeño desequilibrio, lo cual es esperable porque las clases no están perfectamente balanceadas y para finalizar, el árbol prioriza más la clase "no sobrevivió", lo que sugiere que ha aprendido patrones más claros para la clase mayoritaria (probablemente por edad, sexo o clase de boleto).

Capítulo 3: Random Forest

2.1. Introducción a Random Forest

2.1.1. ¿Qué es Random Forest?

Random Forest es un modelo de aprendizaje supervisado basado en la combinación de múltiples árboles de decisión. Su objetivo es mejorar la precisión y robustez de la predicción al reducir la varianza y evitar el sobreajuste.

Fue desarrollado por Leo Breiman y Adele Cutler en 2001, y ha sido ampliamente adoptado en tareas de clasificación y regresión debido a su capacidad de generalización y facilidad de implementación.

2.1.2. Problemas con los Árboles de Decisión

Un **árbol de decisión** es un modelo poderoso y fácil de interpretar, pero tiene ciertas limitaciones:

- **Sobreajuste:** Un solo árbol puede memorizar demasiado los datos de entrenamiento, perdiendo capacidad de generalización.
- **Alta varianza:** Pequeños cambios en los datos pueden producir árboles completamente diferentes.
- **Sensibilidad a datos ruidosos:** Si los datos tienen errores o valores atípicos, un árbol de decisión puede verse gravemente afectado.

2.1.3. ¿Cómo Soluciona Esto Random Forest?

Random Forest mejora los árboles de decisión al:

- Construir múltiples árboles en lugar de uno solo.
- Usar muestras aleatorias de datos para entrenar cada árbol (Bagging).
- Seleccionar subconjuntos de variables en cada nodo (selección aleatoria de variables).
- Combinar las predicciones de todos los árboles mediante votación mayoritaria (clasificación) o promedio (regresión).

Ejemplo en la vida real:

Imagina que 10 médicos analizan los síntomas de un paciente. Cada uno da su diagnóstico y, finalmente, el paciente sigue la opinión de la mayoría. Este es el principio detrás de Random Forest.

2.2. Bagging y Selección Aleatoria de Variables

Los árboles de decisión individuales pueden ser inestables. Random Forest reduce esta inestabilidad mediante dos estrategias clave:

2.2.1. Bagging (Bootstrap Aggregating)

Bagging es una técnica de ensamblado que mejora la estabilidad de los modelos al entrenar múltiples árboles sobre subconjuntos de datos.

Proceso del Bagging:

1. Se toman múltiples submuestras aleatorias con reemplazo (bootstrap) del conjunto de datos.
2. Cada árbol de decisión se entrena en una de estas submuestras.
3. La predicción final se obtiene al combinar las predicciones de todos los árboles.

Beneficios del Bagging:

- Reduce la varianza al generar múltiples versiones del modelo.
- Evita sobreajuste en comparación con un solo árbol de decisión.
- Funciona bien con datos ruidosos o de alta dimensionalidad.

Ejemplo:

```
from sklearn.ensemble import BaggingClassifier

from sklearn.tree import DecisionTreeClassifier

from sklearn.model_selection import train_test_split

from sklearn.datasets import make_classification


# Generar un dataset sintético

X, y = make_classification(n_samples=1000, n_features=10, random_state=42)


# Dividir en entrenamiento y prueba

X_train, X_test, y_train, y_test = train_test_split(X, y, test_size=0.2, random_state=42)


# Crear un modelo de Bagging con árboles de decisión

bagging_model = BaggingClassifier(base_estimator=DecisionTreeClassifier(), n_estimators=50, random_state=42)

bagging_model.fit(X_train, y_train)
```

```
# Evaluar desempeño
accuracy = bagging_model.score(X_test, y_test)
print(f"Precisión del modelo con Bagging: {accuracy:.2f}")
```

3.2.2. Selección Aleatoria de Variables

En cada nodo del árbol, en lugar de evaluar todas las variables disponibles, Random Forest selecciona un subconjunto aleatorio de variables.

¿Por qué hacer esto?

- Evita que algunos atributos dominen la decisión.
- Introduce diversidad en los árboles.
- Reduce la correlación entre árboles, mejorando la generalización del modelo.

Cálculo del número de variables seleccionadas en cada nodo:

$$m = \sqrt{M}$$

Donde M es el número total de variables en el dataset.

Ejemplo: Si un dataset tiene 100 variables, en cada nodo solo se consideran $\sqrt{100} = 10$ variables para hacer la división.

El impacto del uso de este método, da como resultado menos correlación entre árboles lo que da más diversidad y con eso se llega a una mejor generalización, además, reduce la complejidad computacional en datasets grandes.

3.3. Predicciones en Random Forest: Votación y Promedio

Una vez que se han construido los árboles de decisión, el modelo combina sus predicciones de la siguiente manera:

Clasificación: Se toma la clase más votada entre los árboles. **Regresión:** Se calcula el promedio de las predicciones de todos los árboles.

- Ejemplo de Clasificación: Si tenemos 5 árboles con las siguientes predicciones:

Árbol 1	Árbol 2	Árbol 3	Árbol 4	Árbol 5	Predicción Final
A	B	A	A	B	**A (Mayoría)**

- Ejemplo de Regresión: Si los árboles predicen los valores: 320, 340, 350, 330, 315, el resultado final es:

$$= (320 + 340 + 350 + 330 + 315)/5$$

$$= 331$$

3.4. Interpretación del Out-of-Bag (OOB) Error

El Out-of-Bag (OOB) Error es una forma de evaluar el modelo sin usar un conjunto de prueba separado.

¿Cómo funciona?

- Como cada árbol se entrena con una submuestra aleatoria, hay ejemplos que no se utilizan en su entrenamiento.
- Estos ejemplos son usados para evaluar el rendimiento del modelo, calculando su error.
- Se obtiene una estimación similar a la validación cruzada, sin necesidad de dividir los datos manualmente.

```
from sklearn.ensemble import RandomForestClassifier


# Entrenar Random Forest con evaluación OOB
rf = RandomForestClassifier(n_estimators=100, oob_score=True, random_state=42)
rf.fit(X_train, y_train)


# Imprimir el error OOB
print(f"Error Out-of-Bag: {1 - rf.oob_score_:.4f}")
```

Ventaja: Permite evaluar el modelo sin necesidad de un conjunto de prueba adicional.

3.5. Importancia de las Variables en Random Forest

Una característica clave de Random Forest es que puede evaluar la importancia de cada variable.

Cómo se calcula la importancia de una variable:

1. Se mide la reducción en la impureza de Gini cuando una variable es usada en un nodo.
2. Se suman estas reducciones en todos los árboles.
3. Se normaliza el resultado.

```
importances = rf.feature_importances_
for feature, importance in zip(iris.feature_names, importances):
print(f"{feature}: {importance:.4f}")
```

3.6. Ejercicios prácticos

3.6.1. Clasificación de Especies de Flores con Random Forest

En este ejercicio, vamos a utilizar un modelo de **Random Forest** para predecir la especie de una flor a partir de sus medidas morfológicas, usando el famoso dataset **Iris**. Este ejercicio es ideal para introducirnos a la parte técnica de este modelo de clasificación.

Como ya lo hemos hecho anteriormente, comenzamos importando los paquetes necesarios, cargamos el dataset y hacemos la división.

```
from sklearn.datasets import load_iris
from sklearn.model_selection import train_test_split
from sklearn.ensemble import RandomForestClassifier
from sklearn.metrics import classification_report

# Carga de dataset
data = load_iris()
X = data.data
y = data.target

# División de datos
X_train, X_test, y_train, y_test = train_test_split(X, y, test_size=0.3, random_state=42)
```

¡Entrenamos!

```
# creacion del modelo y entrenamiento
rf = RandomForestClassifier(n_estimators=100, random_state=42)
rf.fit(X_train, y_train)
```

Ahora, miremos la evaluación del modelo

```
# Predicción y evaluación
y_pred = rf.predict(X_test)
print(classification_report(y_test, y_pred, target_names=data.target_names))
```

```
              precision    recall  f1-score   support

      setosa       1.00      1.00      1.00        19
  versicolor       1.00      1.00      1.00        13
   virginica       1.00      1.00      1.00        13

    accuracy                           1.00        45
   macro avg       1.00      1.00      1.00        45
weighted avg       1.00      1.00      1.00        45
```

Nos percatamos que da un resultado perfecto, esto pasa porque el dataset que tomamos está muy arreglado, no tiene valores faltantes, ni datos atípicos, adicionalmente no cuenta con datos categóricos, pero con este ejemplo, podemos ver el flujo y el uso de este algoritmo, ¡CONTINUEMOS!

3.6.2. Predicción de Precios de Casas usando Random Forest (Regresión)

Como vimos conceptualmente, este algoritmo de Machine Learning también sirve para regresión, en este caso, lo usaremos para predecir el precio de una casa en función de sus características como tamaño, número de habitaciones y ubicación.

Importamos los paquetes, llamamos al dataset y dividimos el dataset

```
from sklearn.datasets import fetch_california_housing
from sklearn.model_selection import train_test_split
```

```
from sklearn.ensemble import RandomForestRegressor
from sklearn.metrics import mean_absolute_error, mean_squared_error
import numpy as np
import matplotlib.pyplot as plt
import seaborn as sns

# se carga el dataset de precios de casas en California
data = fetch_california_housing()
X, y = data.data, data.target
features = data.feature_names

# división en conjunto de entrenamiento y prueba
X_train, X_test, y_train, y_test = train_test_split(X, y, test_size=0.2, random_state=42)
```

Ahora, vamos entrenar y predecir

```
# Crear y entrenar el modelo
rf = RandomForestRegressor(n_estimators=100, random_state=42)
rf.fit(X_train, y_train)

# Realizar predicciones
y_pred = rf.predict(X_test)
```

Como es un ejercicio de regresión, vamos a ver las métricas correspondientes

```
# cálculo de métricas de error
mae = mean_absolute_error(y_test, y_pred)
mse = mean_squared_error(y_test, y_pred)
rmse = np.sqrt(mse)


print(f"Error Absoluto Medio (MAE): {mae:.2f}")
print(f"Error Cuadrático Medio (MSE): {mse:.2f}")
print(f"Raíz del Error Cuadrático Medio (RMSE): {rmse:.2f}")
```

```
Error Absoluto Medio (MAE): 0.33
Error Cuadrático Medio (MSE): 0.26
Raíz del Error Cuadrático Medio (RMSE): 0.51
```

De las evaluaciones podemos deducir que:

✔ MAE (0.33): En promedio, el modelo se equivoca por 0.33 unidades en la predicción del precio de una casa. Como el target (y) está normalizado en centenas de miles de dólares, esto nos representa un error promedio de 33,000 USD, lo cual puede considerarse razonable dependiendo del rango de precios de la zona.

✔ MSE (0.26): Mide el error cuadrático medio. Esta penaliza más fuertemente los errores grandes. Es útil para evaluar consistencia del modelo. Su valor aquí sugiere que no hay errores extremos predominantes.

✔ RMSE (0.51): Es más fácil de interpretar porque está en las mismas unidades que el objetivo (≈ $51,000). El modelo tiene una desviación promedio de 51,000 dólares entre lo que predice y el valor real de la vivienda.

De lo anterior, deducimos que el modelo muestra un buen desempeño general, capturando bien la variación en los precios de vivienda. Por otro lado, la combinación de bajo MAE y RMSE indica que el modelo no solo es preciso, sino también estable.

Si queremos mejorar el modelo podríamos optar por agregar características y/o realizar una optimización de hiperparametros.

3.6.3. Predicción de ingresos con Random Forest – Dataset Adult (Census Income)

En este ejercicio, vamos a predecir si una persona gana más de $50,000 al año utilizando características demográficas y laborales. Usaremos RandomForestClassifier con un flujo completo de preprocesamiento, validación cruzada y optimización de hiperparámetros.

Comenzamos importando paquetes necesarios, también debemos fijar las columnas a usar de la data, luego de eso, obtenemos el dataset.

```
import pandas as pd
```

```
from sklearn.compose import ColumnTransformer
from sklearn.pipeline import Pipeline
from sklearn.preprocessing import OneHotEncoder, StandardScaler
from sklearn.ensemble import RandomForestClassifier
from sklearn.model_selection import train_test_split
from sklearn.model_selection import GridSearchCV
from sklearn.model_selection import cross_val_score
import matplotlib.pyplot as plt
import numpy as np

# cargue de dataset desde UCI
url = "https://archive.ics.uci.edu/ml/machine-learning-databases/adult/adult.data"
columns = ["age", "workclass", "fnlwgt", "education", "education-num", "marital-status",
        "occupation", "relationship", "race", "sex", "capital-gain", "capital-loss",
        "hours-per-week", "native-country", "income"]

df = pd.read_csv(url, names=columns, na_values=' ?', skipinitialspace=True)
```

Ahora haremos un pequeño preprocesamiento de los datos, que consiste en eliminar los datos faltantes y convertir la columna income en un valor binario, teniendo en cuenta el contenido actual

```
# Eliminación filas con valores faltantes
df.dropna(inplace=True)

# Separar X e y
X = df.drop("income", axis=1)
y = df["income"].map({'>50K': 1, '<=50K': 0})
```

Procedemos a separar las columnas con datos categóricos y datos numéricos, también creamos un preprocesador para escalar las variables numéricas y para codificar las variables categorías, el cual lo vamos a ensamblar en el pipeline junto con el entrenamiento del modelo

```
# columnas
cat_cols = X.select_dtypes(include="object").columns
num_cols = X.select_dtypes(include="number").columns

# preprocesamiento de los datos
preprocessor = ColumnTransformer([
    ('num', StandardScaler(), num_cols),
    ('cat', OneHotEncoder(handle_unknown='ignore'), cat_cols)
])

# ensamble de pipeline
pipe = Pipeline([
    ('prep', preprocessor),
    ('clf', RandomForestClassifier(random_state=42))
])
```

En este ejercicio vamos a aplicar un concepto que veremos más adelante y es la búsqueda de hiperparametro, pero lo haremos de forma sencilla, se logra entender. Vamos a buscar la mejor combinación parámetros para este modelo con las condiciones actuales

```
param_grid = {
    'clf__n_estimators': [50, 100],
    'clf__max_depth': [None, 10],
    'clf__min_samples_split': [2, 10]
}

grid = GridSearchCV(pipe, param_grid, cv=3, scoring='accuracy', n_jobs=-1)
grid.fit(X, y)

print("Mejores parámetros:", grid.best_params_)
```

```
Mejores parámetros: {'clf__max_depth': None, 'clf__min_samples_split': 10, 'clf__n_estimators': 100}
```

Con los mejores hiperparametros encontrados, vamos a realizar una validación cruzada, como conocer que tan bueno es nuestro modelo, ¡Vamos a ello!

```
best_model = grid.best_estimator_
scores = cross_val_score(best_model, X, y, cv=5, scoring='accuracy')

print("Accuracy promedio:", scores.mean())
print("Desviación estándar:", scores.std())
```

```
Accuracy promedio: 0.8630879235669655
Desviación estándar: 0.0052266600361751256
```

Bueno, de este desempeño podemos decir que un accuracy promedio del 86.3% en validación cruzada indica que el modelo tiene una excelente capacidad para generalizar a datos no vistos. También, la baja desviación estándar (±0.52%) entre las distintas particiones sugiere que el modelo es estable y consistente, con todo esto, podemos validar que Random Forest, incluso sin un ajuste profundo de hiperparámetros, es muy efectivo para clasificación binaria multivariable en este caso.

Ahora vamos a ver las 10 variables más importantes en el proceso de clasificación

```
# modelo final y el encoder
rf_model = grid.best_estimator_.named_steps['clf']
ohe = grid.best_estimator_.named_steps['prep'].named_transformers_['cat']

# nombres de columnas
cat_features = ohe.get_feature_names_out(cat_cols)
feature_names = list(num_cols) + list(cat_features)
importances = rf_model.feature_importances_

# 10 variables más importantes
```

```
sorted_idx = np.argsort(importances)[-10:]
plt.figure(figsize=(10,6))
plt.barh(np.array(feature_names)[sorted_idx], importances[sorted_idx])
plt.title("Top 10 características más importantes")
plt.show()
```

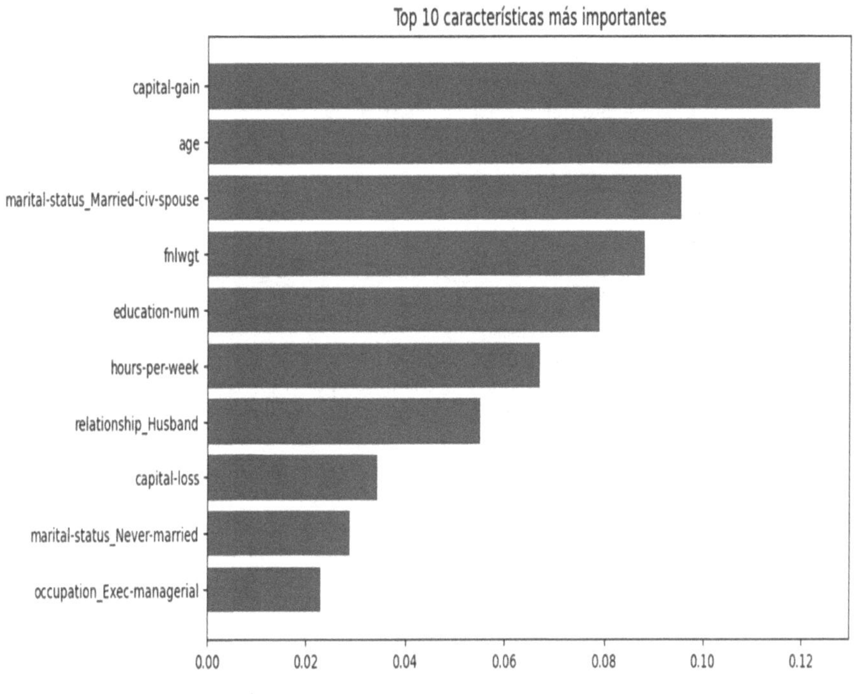

Ilustración 8. Características importantes (creación propia)

La clasificación mediante árboles de decisión permite separar datos de forma jerárquica y comprensible. Aunque poderosos, los árboles requieren técnicas como la poda para evitar sobreajustarse a los datos de entrenamiento.

Parte III. Evaluación de Modelos de Aprendizaje Supervisado

Después de explorar diversos algoritmos de regresión y clasificación, es fundamental que comprendamos cómo evaluar objetivamente los desempeños. La evaluación no solo nos permite medir la calidad de las predicciones, sino que también nos proporciona una base sólida para comparar modelos, optimizar hiperparámetros y tomar decisiones informadas sobre qué enfoque debemos implementar.

En esta parte del libro presentaremos las métricas más utilizadas para evaluar algoritmos de regresión y clasificación, junto con ejemplos prácticos de cálculo manual que facilitan su comprensión.
Al finalizar esta sección, el lector estará capacitado para interpretar correctamente los resultados de cualquier modelo de aprendizaje supervisado, aplicando métricas adecuadas según el tipo de problema.

Capítulo 4: Evaluación de Algoritmos de Regresión

4.1. Introducción

Esta evaluación se centra en medir qué tan cerca están las predicciones del modelo de los valores reales de la variable continua que se intenta predecir; existen varias métricas estándar que permiten cuantificar el desempeño de un modelo de regresión. Entre las principales tenemos:

4.2. Error Absoluto Medio (MAE)

MAE o Mean Absolute Error, nos ayuda a medir la media de las diferencias absolutas entre las predicciones del modelo y los valores reales.

$$MAE = \frac{1}{n}\sum_{i=1}^{n}|y_i - \hat{y}_i|$$

Esta métrica penaliza todos los errores de forma lineal (sin considerar el signo), es muy intuitivo ya que indica en promedio cuántas unidades se equivoca el modelo. Cuando MAE se acerca a 0 indica alta precisión, lo cual es bueno.

4.3. Error Cuadrático Medio (MSE)

Mean Squared Error, es la media de los cuadrados de los errores.

$$MSE = \frac{1}{n}\sum_{i=1}^{n}(y_i - \hat{y}_i)^2$$

Esta metrica penaliza más severamente los errores grandes (por el cuadrado), se puede decir que es muy usado en ajustes por mínimos cuadrados, ya que su misma estructura lo favorece. Entre más bajo sea, es mucho mejor, pero es muy sensible a valores atípicos.

4.4. Raíz del Error Cuadrático Medio (RMSE)

Root Mean Squared Error, es simplemente la raíz cuadrada de la métrica que vimos anteriormente (MSE) y de define como:

$$RMSE = \sqrt{MSE}$$

Al usar esta forma de evaluación, obtenemos la misma unidad de la variable objetivo(y), nos resume de manera clara la magnitud promedio de los errores y cómo las todas las anteriores, menor es mejor.

4.5. Coeficiente de Determinación (R^2)

El R^2 mide qué proporción de la variabilidad de la variable dependiente puede ser explicada por el modelo, en otras palabras, muestra qué porcentaje de la variación total en los datos puede ser justificado por las predicciones del modelo.

$$R^2 = 1 - \frac{\sum(y_i - \hat{y}_i)^2}{\sum(y_i - \underline{y_i})^2}$$

La variación de esta métrica está entre $-\infty$ y 1, esto nos quiere decir que entre más se acerque a 1, es mejor; si es 1 el modelo es perfecto. Si es 0 el modelo no explica mejor que predecir el promedio, ahora, si es menor que 0, el modelo es peor que simplemente predecir la media.

4.6. ¿Cómo elegir las métricas en regresión?

Situación	**Métrica Sugerida**
Error promedio simple	MAE
Sensible a errores grandes	MSE o RMSE
Relación explicativa del modelo	R^2

Capítulo 5: Evaluación de Algoritmos de Clasificación

5.1. Introducción

La evaluación de algoritmos de clasificación se centra en medir qué tan bien el modelo es capaz de asignar la clase correcta a cada observación. Las métricas más utilizadas son las que veremos a continuación.

5.2. Precisión (Accuracy)

Es la proporción de predicciones correctas sobre el total de observaciones del modelo, matemáticamente tenemos lo siguiente:

$$Accuracy = \frac{TP + TN}{TP + TN + FP + FN}$$

- TP: Verdaderos Positivos
- TN: Verdaderos Negativos
- FP: Falsos Positivos
- FN: Falsos Negativos

Esta métrica es muy intuitiva, pero puede ser engañosa en datasets desbalanceados.

5.3. Precisión (Precision)

Esta precisión nos indica cuántas de las observaciones clasificadas como positivas realmente son positivas, una alta precisión significa baja tasa de falsos positivos.

$$Precision = \frac{TP}{TP + FP}$$

5.4. Exhaustividad o Sensibilidad (Recall)

Con esta métrica podemos medir la proporción de verdaderos positivos detectados correctamente, cuando tenemos una sensibilidad significa que hay una baja tasa de falsos negativos.

$$Recall = \frac{TP}{TP + FN}$$

5.5. F1-Score

Con esta tenemos una combinación de precisión y sensibilidad en una sola métrica

$$F1 = 2 - \frac{Presicion * Recall}{Presicion + Recall}$$

No es útil cuando se necesita balancear precisión y recall, lo cual es ideal en problemas de clases desbalanceadas.

5.6. Matriz de Confusión

Es una tabla que nos muestra el número de predicciones correctas e incorrectas clasificadas por cada clase, lo cual nos permite analizar errores específicos.

Predicción/Real	Clase 0	Clase 1
Clase 0	TP	FP
Clase 1	FN	TN

5.7. ¿Cómo elegir las métricas en clasificación?

Situación	**Métrica Sugerida**
Clases balanceadas	Accuracy
Costoso clasificar falsamente como positivo	Precision
Costoso perder positivos reales	Recall
Balance entre precisión y recall	F1-Score

5.8. Ejercicios prácticos

5.8.1. Cálculo manual en Regresión

Supongamos que tenemos 4 predicciones reales y predichas como en el siguiente cuadro

Observación	Valor Real	Valor Predicho
1	3.0	2.5
2	7.0	7.8
3	4.0	5.5
4	5.0	4.2

- **Error Absoluto Medio (MAE):**

$$MAE = \frac{|3.0 - 2.5| + |7.0 - 7.8| + |4.0 - 5.5| + |5.0 - 4.2|}{4}$$

$$MAE = \frac{0.5 + 0.8 + 1.5 + 0.8}{4} = \frac{3.6}{4} = 0.9$$

- **Error Cuadrático Medio (MSE):**

$$MSE = \frac{(3.0 - 2.5)^2 + (7.0 - 7.8)^2 + (4.0 - 5.5)^2 + (5.0 - 4.2)^2}{4}$$

$$MSE = \frac{(0.5)^2 + (-0.8)^2 + (-1.5)^2 + (0.8)^2}{4}$$

$$MSE = \frac{0.25 + 0.64 + 2.25 + 0.64}{4} = \frac{3.78}{4} = 0.945$$

- **Raíz del Error Cuadrático Medio (RMSE):**

$$RMSE = \sqrt{MSE} = \sqrt{0.945} \approx 0.972$$

- **Coeficiente de Determinación (R^2):**

Primero calculamos la media de los valores reales

$$\underline{y} = \frac{3.0 + 7.0 + 4.0 + 5.0}{4} = 0.475$$

Luego

$$R^2 = 1 - \frac{\sum(y_i - \hat{y}_i)^2}{\sum(y_i - \underline{y_i})^2}$$

Calculando

$$\sum(y_i - \hat{y}_i)^2 = (3.0 - 2.5)^2 + (7.0 - 7.8)^2 + (4.0 - 5.5)^2 + (5.0 - 4.2)^2$$

$$= 0.25 + 0.64 + 2.25 + 0.64 = 3.78$$

$$\sum \left(y_i - \underline{y}_i\right)^2 = (3.0 - 0.475)^2 + (7.0 - 0.475)^2 + (4.0 - 0.475)^2 + (5.0 - 0.475)^2$$

$$= 3.06 + 5.06 + 0.56 + 0.06 = 8.74$$

Entonces

$$R^2 = 1 - \frac{3.78}{8.74} = 1 - 0.432 = 0.568$$

Interpretando el ejercicio tenemos:

- ✔ El MAE es 0.9 unidades de error promedio.
- ✔ El RMSE es 0.972, similar al MAE, pero penalizando más errores grandes.
- ✔ El $R^2 = 0.568$ indica que el modelo explica el 56.8% de la variabilidad de los datos.

5.8.2 Cálculo manual en Clasificación

Supongamos que tenemos los siguientes datos de predicciones:

Predicción	**Real**	**Resultado**
0	0	Verdadero Negativo (TN)
1	0	Falso Positivo (FP)
1	1	Verdadero Positivo (TP)
0	1	Falso Negativo (FN)
1	1	Verdadero Positivo (TP)
1	1	Verdadero Positivo (TP)

Resumiendo: TP = 3, TN = 1, FP = 1, FN = 1

- **Precisión (Accuracy):**

$$accuracy = \frac{TP + TN}{TP + TN + FP + FN} = \frac{3 + 1}{3 + 1 + 1 + 1} = \frac{4}{6} = 0.666$$

- **Precisión (Precision):**

$$Precision = \frac{TP}{TP + FP} = \frac{3}{3 + 1} = \frac{3}{4} = 0.75$$

- **Sensibilidad (Recall):**

$$Recall = \frac{TP}{TP + FN} = \frac{3}{3 + 1} = \frac{3}{4} = 0.75$$

- **F1-Score:**

$$F1 = 2 - \frac{Presicion * Recall}{Presicion + Recall} = 2 - \frac{0.75 * 0.75}{0.75 + 0.75} = 2 - \frac{0.5625}{1.5} = 0.75$$

Para concluir el ejercicio, podemos de que:

✔ El modelo tiene una exactitud de 66.6%.
✔ La precisión y recall son ambos de 75%, lo que muestra buen equilibrio en predicción.
✔ El F1-Score de 0.75 indica que el modelo mantiene buen balance entre minimizar falsos positivos y falsos negativos.

La evaluación adecuada de modelos permite comprender no solo su capacidad predictiva, sino también sus errores. Con el uso de métricas como MAE, RMSE, R^2, F1-score y matrices de confusión, se puede analizar el rendimiento de manera cuantitativa y tomar decisiones informadas.

Parte IV: Métodos Basados en Hiperplanos y Probabilidades

Esta sección aborda algoritmos más avanzados, como las Máquinas de Vectores de Soporte (SVM) y los clasificadores Naïve Bayes. Analizaremos sus fundamentos teóricos, su funcionamiento práctico y se ilustran con ejercicios aplicados.

Capítulo 6: Máquinas de Vectores de Soporte (SVM)

6.1. Introducción

En el mundo del Machine Learning, las Máquinas de Vectores de Soporte (SVM) son un conjunto de algoritmos supervisados ampliamente utilizados en clasificación binaria y multiclase, así como en regresión. Su principal fundamento es encontrar una frontera de decisión óptima (hiperplano) que separe correctamente las observaciones de distintas clases, con el mayor margen posible. (Cortes & Vapnik, 1995) introdujeron el concepto de máquinas de vectores de soporte, optimizando la separación entre clases mediante márgenes máximos.

SVM ha sido históricamente uno de los modelos más exitosos en Machine Learning, especialmente en aplicaciones como el reconocimiento de dígitos manuscritos, clasificación de texto y bioinformática. Su éxito radica en:

- Su capacidad de generalización, incluso con pocos datos.
- Su flexibilidad para modelar relaciones lineales y no lineales.
- Su sólido fundamento matemático en la teoría de optimización convexa y geometría computacional.

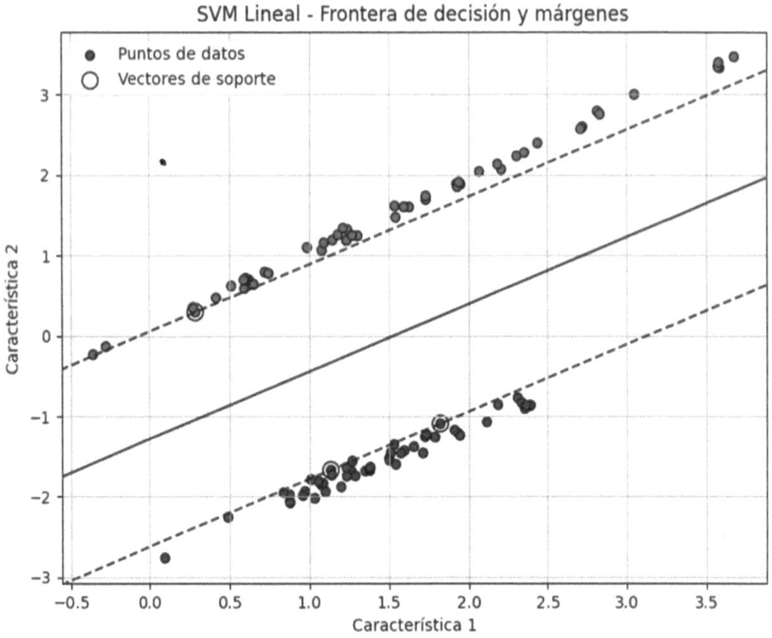

Ilustración 9. SVM Lineal - Frontera de decisión márgenes (creación propia)

En la ilustración 9 podemos notar una serie de elementos, tales como:

- ✔ Puntos rojos y azules: las dos clases.
- ✔ Línea negra sólida: la frontera de decisión aprendida por SVM.
- ✔ Líneas punteadas: márgenes superior e inferior.
- ✔ Círculos sin relleno: los vectores de soporte (puntos críticos para definir el hiperplano).

6.2. Fundamentos Geométricos: Hiperplanos y Márgenes

6.2.1. Hiperplano de Separación

En un espacio de características de dimensión *d*, un hiperplano es un subconjunto de dimensión *d*-1 que divide el espacio en dos partes. Matemáticamente, un hiperplano se define como:

$$w * x + b = 0$$

Donde:

- *w* es el vector normal al hiperplano.
- *x* es el vector de entrada.
- *b* es el sesgo o término independiente.

El signo de $w * x + b$ determina en qué lado del hiperplano se encuentra un punto:

- Si > 0 , está en un lado.
- Si < 0, en el otro.

6.2.2. Margen

Es la distancia entre el hiperplano de separación y los vectores de soporte, que son los puntos más cercanos a dicho hiperplano.

SVM busca maximizar este margen, ya que un margen mayor generalmente implica mejor capacidad de generalización del modelo.

El margen óptimo es:

$$Margen = \frac{2}{||w||}$$

La optimización consiste en minimizar $||w||$ sujeto a que los datos estén correctamente clasificados.

6.3. Clasificación Lineal con Margen Duro (Hard Margin)

En casos ideales donde los datos son linealmente separables, se busca un hiperplano tal que:

$$yi(w * xi + b) \geq 1$$

Para todos los puntos *i*, donde $yi \in \{-1, +1\}$ representa la clase.

Este enfoque da lugar a un problema cuadrático convexo que tiene una única solución óptima.

Pero en la práctica, los datos rara vez son perfectamente separables, por lo que se introduce el margen suave.

6.4. Clasificación con Margen Suave (Soft Margin)

En presencia de ruido o datos solapados, se relaja la restricción mediante variables de holgura εi, permitiendo ciertos errores de clasificación:

$$yi(w * xi + b) \geq 1 - \varepsilon i \quad con \quad \varepsilon i \geq 0$$

El problema de optimización se convierte en:

$$(\frac{1}{2}\|w\|^2 + C\sum_{i} \varepsilon i)$$

Donde C es un hiperparámetro que regula el equilibrio entre maximizar el margen y minimizar los errores de clasificación.

- **C grande**: modelo más estricto (menos errores, pero menor margen).
- **C pequeño**: modelo más permisivo (más errores, mayor margen).

6.5. El Truco del Kernel

No todos los conjuntos de datos son separables linealmente, incluso con margen suave. Para manejar relaciones no lineales, SVM introduce el concepto del "truco del kernel".

¿Qué es un kernel?

Es una función que calcula el producto interno de dos vectores en un espacio de características transformado sin necesidad de realizar explícitamente dicha transformación.

$$K(x_i, x_j) = \emptyset(x_i) \cdot \emptyset(x_j)$$

Esto permite mapear datos no separables a espacios de alta dimensión donde sí es posible construir un hiperplano separador.

Tipos de Funciones Kernel

Tipo	Fórmula	Parámetros	Uso común
Lineal	$K(x,x') = x, x'$	-	Cuando las clases ya son linealmente separables
Polinomial	$K(x,x') = (x^T x' + c)^d$	*c, d*	Captura interacciones no lineales de orden *d*
RBF (Radial Basis Function / Gaussiano)	$K(x,x') = exp(-\gamma + \|x - x'\|^2)$	θ	Alta precisión; común en clasificación compleja
Sigmoide	$K(x,x') = tanh(kx^T x' + 0)$	k, θ	Similar a redes neuronales

Para tener en cuenta: La selección del kernel y sus hiperparámetros afecta fuertemente el rendimiento del modelo.

6.6. SVM para Regresión: SVR (Support Vector Regression)

El modelo SVM también puede adaptarse a problemas de regresión. En este caso, el objetivo no es separar clases, sino aproximar una función continua.

6.6.1. Características de SVR

- Define un margen de tolerancia **ε** dentro del cual no se penaliza el error.
- Solo los errores fuera de ese margen contribuyen a la función de pérdida.
- La formulación matemática es similar a la SVM clásica, pero con objetivo de regresión.
- Ventaja**:** Buena capacidad para ajustar funciones no lineales.
- Aplicación**:** Series temporales, predicción de precios, modelado de demanda, etc.

6.7. Hiperparámetros Clave en SVM

Hiperparámetro	Significado	Efecto

c	Penalización al error	Más alto = menos tolerancia a errores (más sobreajuste)
kernel	Función de transformación	Define la complejidad del modelo
gamma	Influencia de los vectores individuales (en RBF)	Más alto = más curvatura (riesgo de sobreajuste)
degree	Grado del polinomio (en kernel polinomial)	Controla la no linealidad

Consejo: Se realiza típicamente por búsqueda en rejilla (grid search) con validación cruzada.

6.8. Ventajas y Desventajas

6.8.1. Ventajas

- Muy eficaz en espacios de alta dimensión.
- Robusta frente al sobreajuste, especialmente con margen suave.
- Funciona bien incluso con pocos datos etiquetados.
- Puede modelar relaciones complejas mediante kernels.

6.8.2. Desventajas

- No escala bien con grandes volúmenes de datos (entrenamiento lento).
- Difícil de interpretar.
- Sensible a la elección de hiperparámetros.
- No entrega probabilidades directamente (requiere calibración).

6.9. Aplicaciones Típicas de SVM

- **Bioinformática**: clasificación de genes y expresión genética.
- **Reconocimiento de caracteres**: lectura de dígitos manuscritos (MNIST).
- **Clasificación de texto**: spam vs no spam, análisis de sentimientos.
- **Finanzas**: detección de fraudes, segmentación de clientes.
- **Diagnóstico médico**: clasificación de imágenes radiológicas, ECG, etc.

6.10. Ejercicios prácticos

6.10.1. Clasificación de Diabetes con SVM Lineal

En este ejercicio inicial, vamos a utilizar una Máquina de Vectores de Soporte (SVM) con kernel lineal para clasificar si una paciente del pueblo Pima tiene diabetes o no, a partir de indicadores de salud como nivel de glucosa, presión arterial y edad.

Para comenzar, importamos los paquetes necesarios, cargamos el dataset y hacemos la separación de variables y etiquetas

```
import pandas as pd
from sklearn.datasets import fetch_openml
from sklearn.model_selection import train_test_split
from sklearn.svm import SVC
from sklearn.metrics import classification_report

# cargado del dataset de diabetes (Pima)
df = fetch_openml(name='diabetes', version=1, as_frame=True).frame

# Separacion de variables y etiquetas
X = df.drop(columns='class')
y = df['class'].map({'tested_negative': 0, 'tested_positive': 1})
```

En consecuencia, dividimos el set de datos y empezamos a entrenar el modelo

```
# División de datos
X_train, X_test, y_train, y_test = train_test_split(X, y, test_size=0.3, random_state=42)

# Entrenamineto de modelo SVM lineal
svm = SVC(kernel='linear', C=1)
svm.fit(X_train, y_train)
```

Ya entrenando, seguimos con las predicciones y evaluación del modelo

```
# Predicciones y reporte
y_pred = svm.predict(X_test)
print(classification_report(y_test, y_pred, target_names=["No Diabetes", "Diabetes"]))
```

```
              precision    recall  f1-score   support

 No Diabetes       0.80      0.81      0.81       151
    Diabetes       0.63      0.62      0.63        80

    accuracy                           0.74       231
   macro avg       0.72      0.72      0.72       231
weighted avg       0.74      0.74      0.74       231
```

Del reporte Podemos analizar que:

Clase 0 – No Diabetes:

- ✔ El modelo tiene alta precisión y recall (≈ 0.80), lo que indica que identifica bien a los pacientes sanos y comete pocos errores en esta clase.
- ✔ El F1-score de 0.81 representa un equilibrio sólido entre precisión y sensibilidad.

Clase 1 – Diabetes:

- ✔ La precisión (0.63) sugiere que algunos pacientes etiquetados como diabéticos fueron falsos positivos.
- ✔ El recall (0.62) indica que el modelo no logró capturar bien todos los casos positivos reales.
- ✔ Esto puede deberse a que los datos no son linealmente separables, lo cual limita a SVM lineal.

Para apoyar este análisis, se realizó un gráfico para ver las separaciones gráficamente aplicando PCA para la reducción de dimensionalidad

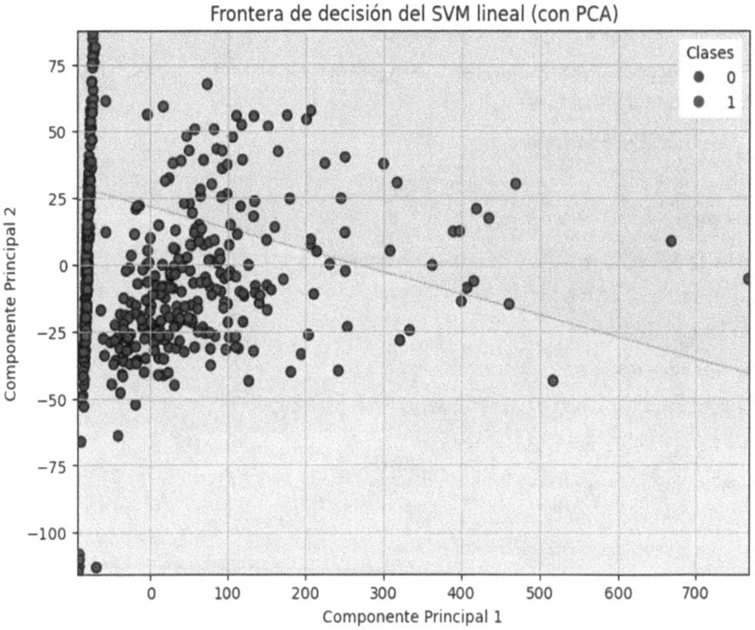

Ilustración 10. Frontera de decisión (creación propia)

Logramos observar que el modelo logra separar parcialmente las clases, pero hay un solapamiento importante, especialmente en la franja vertical cerca del eje X (donde ambos tipos de puntos se mezclan). La distribución no lineal de los datos (especialmente los pacientes con diabetes, clase 1) limita la capacidad del modelo lineal para separar correctamente.

La mayoría de errores ocurren en la zona de frontera, lo que concuerda con los valores de recall (especialmente bajos para la clase 1) obtenidos en el classification_report, Esta visualización refuerza nuestra conclusión anterior de que un modelo lineal no es suficiente para separar correctamente las clases en este caso.

6.10.2. Clasificación con Kernel RBFcon datos sintéticos no linealmente separables

Como hemos visto, SVM es un algoritmo que crea una frontera de separación de loa datos, pero ¿qué pasa si los datos no son linealmente separables? Bueno, eso es lo que veremos en este ejercicio, construiremos un modelo SVM con kernel RBF para resolver este problema de clasificación.

Para comenzar, vamos a generar un dataset sintético donde los datos estén distribuidos de forma circular

```
from sklearn.datasets import make_circles

# Crear datos con estructura circular
X, y = make_circles(n_samples=500, factor=0.3, noise=0.05, random_state=42)

# Visualizar los datos
plt.figure(figsize=(6,6))
sns.scatterplot(x=X[:,0], y=X[:,1], hue=y, palette="Set1")
plt.title("Datos no linealmente separables")
plt.show()
```

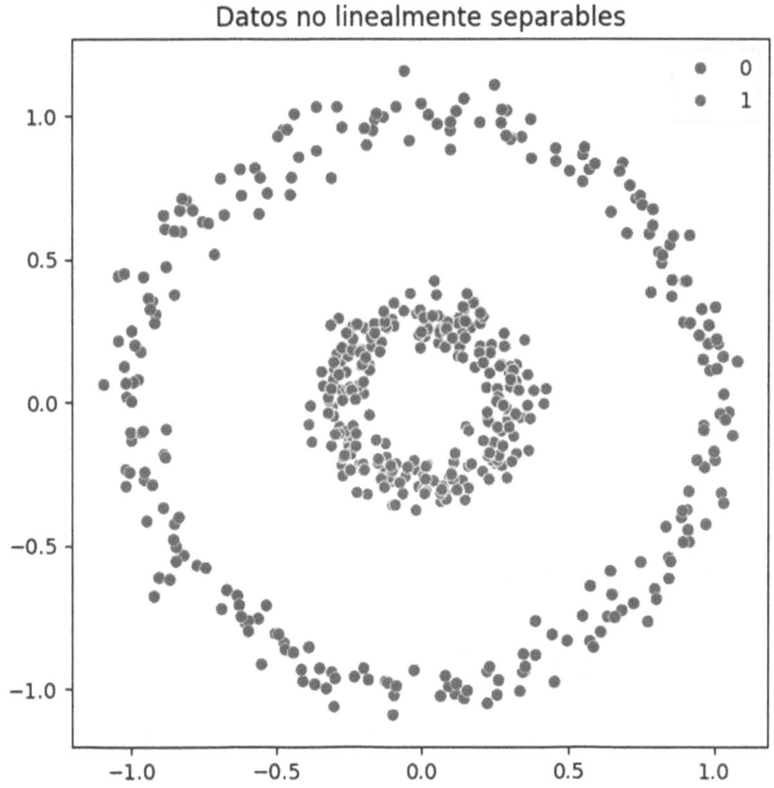

Ilustración 11. Datos no linealmente separables (creación propia)

Realizamos la división de datos y entrenamos

```
import pandas as pd
from sklearn.model_selection import train_test_split
from sklearn.svm import SVC
from sklearn.metrics import classification_report

# división de los datos
```

```
X_train, X_test, y_train, y_test = train_test_split(X, y, test_size=0.3, random_state=42)

# entrenamiento de modelo SVM con kernel RBF
clf_rbf = SVC(kernel='rbf', gamma=1, C=1)
clf_rbf.fit(X_train, y_train)
```

Lo siguiente es predecir y evaluar el modelo

```
# Predicciones
y_pred = clf_rbf.predict(X_test)

# Evaluacion de clasificación
print("\nReporte de Clasificación:")
print(classification_report(y_test, y_pred))
```

```
Reporte de Clasificación:
              precision    recall  f1-score   support

           0       1.00      1.00      1.00        75
           1       1.00      1.00      1.00        75

    accuracy                           1.00       150
   macro avg       1.00      1.00      1.00       150
weighted avg       1.00      1.00      1.00       150
```

Como podemos ver, el algoritmo tiene una clasificación perfecta lo cual no es raro ya que nuestro dataset es sintético y los datos están perfectamente distribuidos, la intención es mostrar que con ese kernel se puede fronterizar datos no lineales como veremos a continuación.

```
# creación malla para graficar frontera
x_min, x_max = X[:, 0].min() - .5, X[:, 0].max() + .5
y_min, y_max = X[:, 1].min() - .5, X[:, 1].max() + .5
xx, yy = np.meshgrid(np.linspace(x_min, x_max, 500),
```

```
                np.linspace(y_min, y_max, 500))

Z = clf_rbf.predict(np.c_[xx.ravel(), yy.ravel()])
Z = Z.reshape(xx.shape)

# dibujo de contorno
plt.contourf(xx, yy, Z, alpha=0.3, cmap="coolwarm")
sns.scatterplot(x=X[:,0], y=X[:,1], hue=y, palette="Set1", edgecolor='k')
plt.title("Frontera de decisión – SVM con kernel RBF")
plt.show()
```

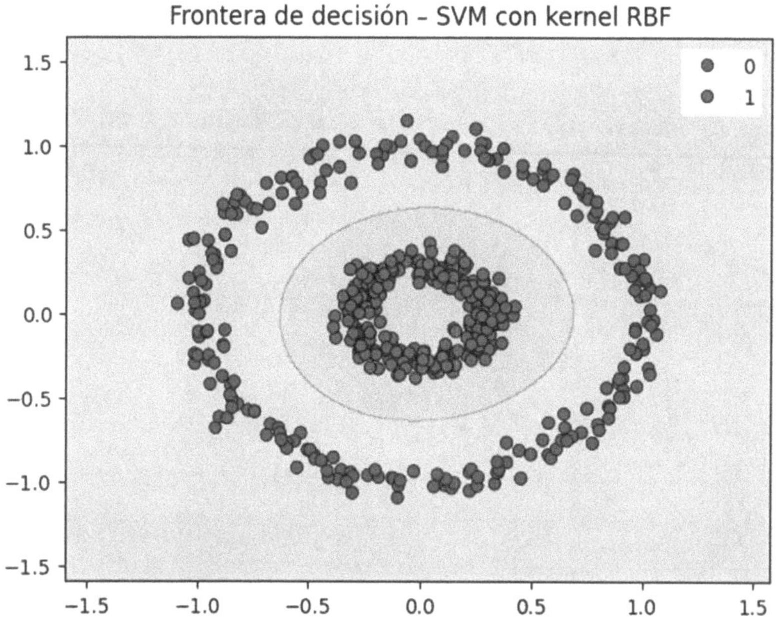

Ilustración 12. Visualización de frontera de decisión (creación propia)

Para finalizar este ejercicio, agregamos que, en problemas no lineales, SVM con kernel RBF es una herramienta poderosa. Además, el ajuste de C y gamma es clave para lograr un buen desempeño del modelo.

6.10.3. Clasificación de calidad del vino con SVM, comparación de kernels

En este ejercicio vamos a construir y comparar modelos SVM con distintos kernels (linear, rbf, poly) para clasificar la calidad del vino tinto con base en características químicas; este problema es de multiclase, nos acercamos a la realidad.

Comenzamos importante los paquetes, también cargando el dataset y haciendo la separación de variables y objetivo

```
import pandas as pd
from sklearn.preprocessing import StandardScaler
from sklearn.model_selection import train_test_split
from sklearn.svm import SVC
from sklearn.metrics import classification_report
from sklearn.metrics import confusion_matrix, ConfusionMatrixDisplay
import matplotlib.pyplot as plt

# Dataset de calidad del vino
url = "https://archive.ics.uci.edu/ml/machine-learning-databases/wine-quality/winequality-red.csv"
df = pd.read_csv(url, sep=';')

# Variables y objetivo
X = df.drop(columns='quality')
y = df['quality']
```

Hagamos la división de datos y escalado

```
# División y escalado
X_train, X_test, y_train, y_test = train_test_split(X, y, test_size=0.3, random_state=42, stratify=y)
scaler = StandardScaler()
X_train_scaled = scaler.fit_transform(X_train)
X_test_scaled = scaler.transform(X_test)
```

Sigamos con el entrenamiento de los 3 modelos

```
# Modelos con distintos kernels
```

```
svm_linear = SVC(kernel='linear', C=1)
svm_rbf = SVC(kernel='rbf', C=1)
svm_poly = SVC(kernel='poly', degree=3, C=1)

# Entrenamiento
svm_linear.fit(X_train_scaled, y_train)
svm_rbf.fit(X_train_scaled, y_train)
svm_poly.fit(X_train_scaled, y_train)
```

Vamos a ver la evaluación de cada uno y también las matrices de confusión

```
print("Kernel Lineal:\n", classification_report(y_test, svm_linear.predict(X_test_scaled)))
print("Kernel RBF:\n", classification_report(y_test, svm_rbf.predict(X_test_scaled)))
print("Kernel Polinómico:\n", classification_report(y_test, svm_poly.predict(X_test_scaled)))

# Matrices de confucin
for model, name in zip([svm_linear, svm_rbf, svm_poly], ["Lineal", "RBF", "Polinómico"]):
    disp = ConfusionMatrixDisplay.from_estimator(
        model, X_test_scaled, y_test,
        display_labels=sorted(y.unique()), cmap="Blues"
    )
    plt.title(f"Matriz de Confusión – SVM Kernel {name}")
    plt.show()
```

Kernel Lineal:

	precision	recall	f1-score	support
3	0.00	0.00	0.00	3
4	0.00	0.00	0.00	16
5	0.64	0.77	0.70	204
6	0.51	0.63	0.57	192
7	0.00	0.00	0.00	60
8	0.00	0.00	0.00	5
accuracy			0.58	480
macro avg	0.19	0.23	0.21	480
weighted avg	0.48	0.58	0.52	480

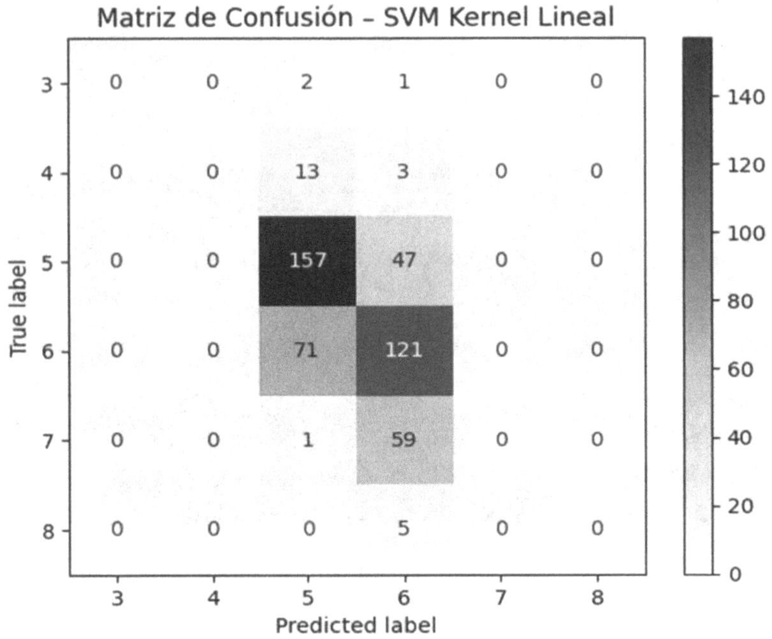

Ilustración 13. Matriz de kernel linear (creación propia)

Con el Kernel Lineal, tenemos:

- ✔ Exactitud total: 58%
- ✔ Clases 5 y 6 son las únicas con desempeño relevante (F1 de 0.70 y 0.57).
- ✔ Clases como 3, 4, 7 y 8 tienen F1-score = 0, lo cual indica que el modelo no logró captar sus patrones.
- ✔ Macro promedio (F1 = 0.21) revela que el modelo ignora completamente las clases menos frecuentes.

Para concluir, el kernel lineal **es** insuficiente para este problema, porque las fronteras de decisión no son lineales y las clases están superpuestas de forma compleja. Vamos a analizar el siguiente.

Kernel RBF:

	precision	recall	f1-score	support
3	0.00	0.00	0.00	3
4	0.00	0.00	0.00	16
5	0.66	0.78	0.72	204
6	0.56	0.63	0.59	192
7	0.64	0.23	0.34	60
8	0.00	0.00	0.00	5
accuracy			0.61	480
macro avg	0.31	0.27	0.28	480
weighted avg	0.58	0.61	0.58	480

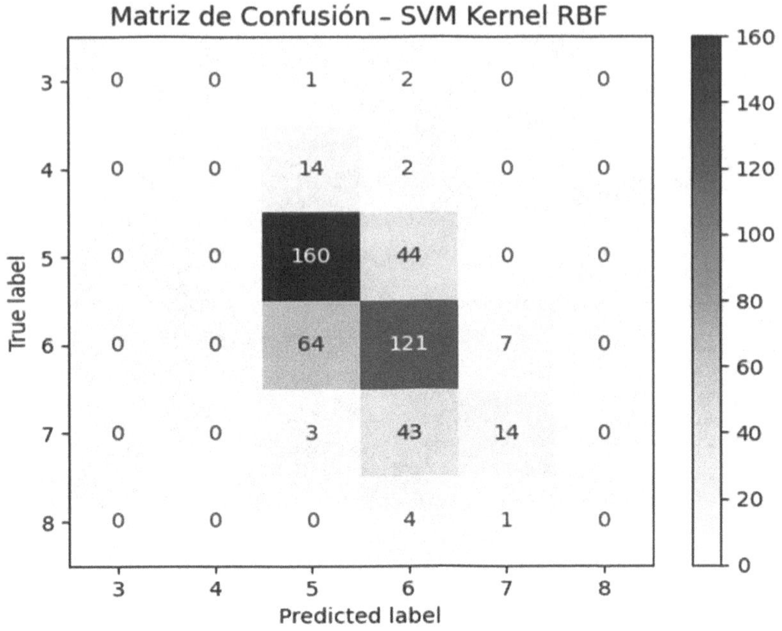

Ilustración 14. Matriz de kernel RBF (creacion propia)

Con el Kernel RBF (Radial Basis Function), tenemos:

- ✔ Exactitud total: 61% (ligera mejora).
- ✔ Mejora el recall de la clase 7 (0.23), aunque sigue siendo bajo.
- ✔ Las clases mayoritarias (5 y 6) son bien reconocidas (F1 = 0.72 y 0.59).
- ✔ Macro promedio (F1 = 0.28) sugiere una cobertura algo más equilibrada que el modelo lineal.

Podemos decir que el kernel RBF capta mejor la no linealidad del problema, pero aún necesita ajuste fino de hiperparámetros **(C, gamma)** para mejorar clases minoritarias. Sigamos con el siguiente.

Kernel Polinómico:

	precision	recall	f1-score	support
3	0.00	0.00	0.00	3
4	0.00	0.00	0.00	16
5	0.62	0.83	0.71	204
6	0.58	0.55	0.56	192
7	0.76	0.27	0.40	60
8	0.00	0.00	0.00	5
accuracy			0.61	480
macro avg	0.33	0.27	0.28	480
weighted avg	0.59	0.61	0.58	480

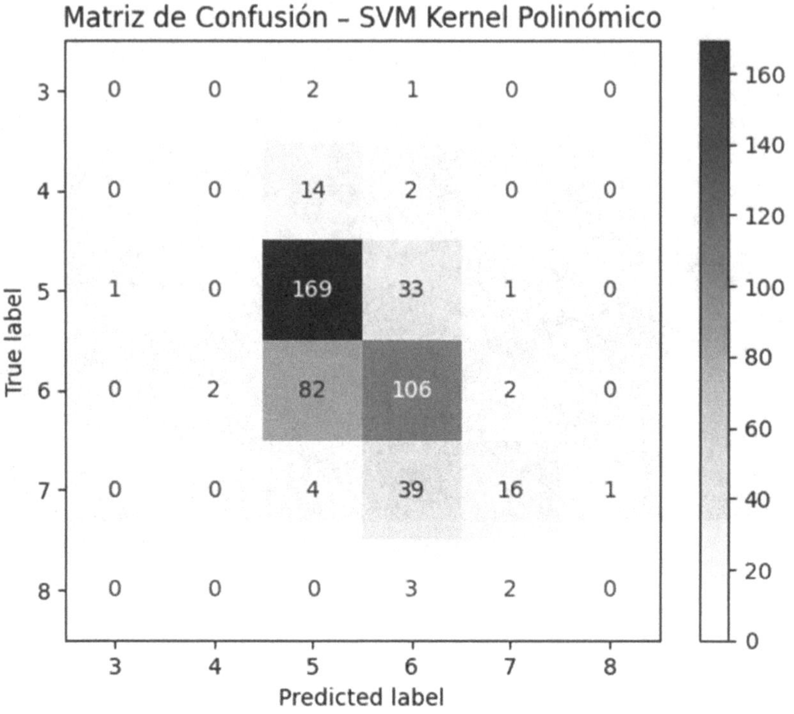

Ilustración 15. Matriz de kernel Polinómico (creación propia)

En el Kernel Polinómico, vimos que:

- Exactitud: 61% (igual que RBF).
- Ligeramente mejor en clases mayoritarias: F1 de clase 5 = 0.71, clase 6 = 0.56.
- La clase 7 se predice con mejor precisión (0.76), pero bajo recall (0.27), indicando sobreajuste: identifica pocos verdaderos casos.
- Macro F1 = 0.28, igual que RBF, pero con señales de comportamiento errático en clases menores.

El Kernel polinómico nos puede funcionar, pero sin control del grado **(degree)** vemos que tiende al sobreajuste. Funciona mejor si se restringe a grados bajos o se acompaña de validación cruzada.

Capítulo 7: Clasificación con Naïve Bayes

7.1. Introducción

El algoritmo Naïve Bayes es un método de clasificación supervisado basado en el teorema de Bayes, con una suposición fuerte (e "ingenua") de independencia condicional entre las variables de entrada. A pesar de lo simplista de esta hipótesis, es sorprendentemente efectivo en muchos contextos reales, especialmente en problemas de texto como detección de spam, análisis de sentimientos, clasificación de documentos, y recomendaciones. Según (Russell & Norvig, 2010), Naïve Bayes aplica principios probabilísticos básicos de forma sorprendentemente eficaz en problemas de clasificación.

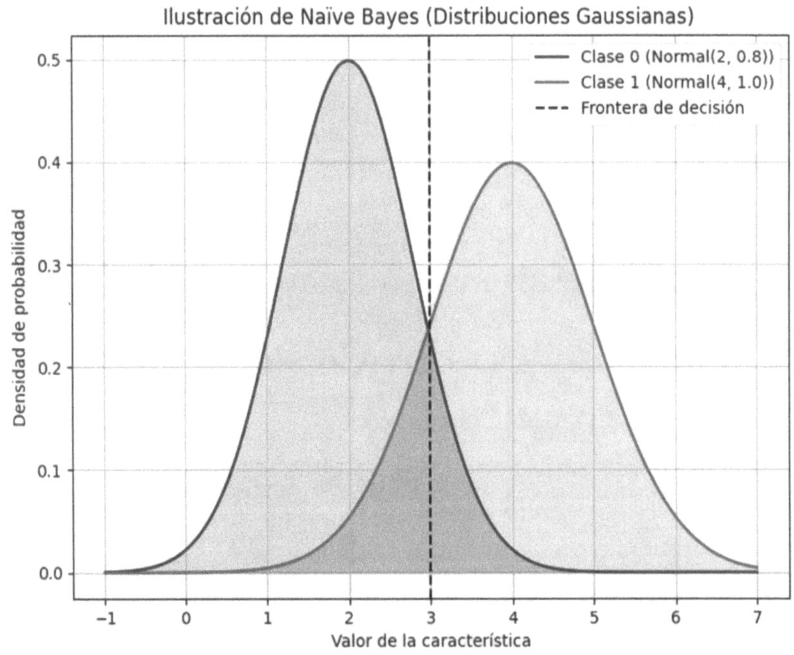

Ilustración 16. Naive Bayes (creacion propia)

¿Qué mostramos en la ilustración 16?

- Las curvas muestran la distribución de una característica en cada clase.

- La frontera de decisión (línea punteada) separa el espacio donde una u otra clase es más probable.
- Cada área coloreada representa la probabilidad condicional P(x|y) P(x|y) P(x|y) de pertenecer a una clase.
- Naïve Bayes asignaría una nueva observación a la clase cuya curva tiene la mayor densidad en ese punto.

Ventajas principales:

- Rápido y eficaz incluso con grandes volúmenes de datos.
- Fácil de interpretar y entrenar.
- Funciona bien incluso cuando las suposiciones no se cumplen completamente.

7.2. Fundamento Matemático: El Teorema de Bayes

Permite calcular la probabilidad de una hipótesis *H* dada una observación *E*:

$$P(E) = \frac{P(H) \cdot P(H)}{P(E)}$$

Donde:

- $P(E)$: probabilidad a posteriori de la hipótesis dado el evento.
- $P(H)$: verosimilitud del evento dado que la hipótesis es cierta.
- $P(H)$: probabilidad a priori de la hipótesis.
- $P(E)$: verosimilitud marginal del evento.

Ejemplo: Si un correo contiene la palabra *viagra*, ¿cuál es la probabilidad de que sea spam?
Para ello se requiere:

- $P(spam)$
- $P(spam)$
- $P(viagra)$

7.3. Clasificador Naïve Bayes: Principios

El clasificador Naïve Bayes aplica el teorema anterior bajo la hipótesis de independencia condicional entre las características:

$$P(x_1, x_2, \dots, x_n) \propto P(C) \prod_{i=1}^{n} P(x_i|C)$$

Donde:

- C es una clase.
- x_i son las características (atributos de entrada).

Aunque en la práctica los atributos suelen estar correlacionados, este modelo sigue funcionando bien.

7.3.1. Construcción del Modelo

i. Calcular las probabilidades a priori:

$$P(C_k) = \frac{\text{número de muestras de la clase } C_k}{\text{número total de muestras}}$$

ii. Calcular las probabilidades condicionales:

$$P(x_i|C_k)$$

Estas se derivan de tablas de frecuencia o de distribuciones estadísticas (por ejemplo, Gaussiana).

7.4. Clasificación con Variables Categóricas

Para datos como texto (frecuencias de palabras), el modelo funciona sumando probabilidades condicionales:

Ejemplo:

$$P(x) \propto P(spam) \cdot P(spam) \cdot P(spam) \cdot \ldots$$

Se asume independencia entre palabras, lo cual reduce drásticamente la complejidad del modelo.

7.4.1. Estimador de Laplace

Cuando una combinación no ha sido observada (probabilidad cero), se aplica una corrección:

$$P(C) = \frac{N+1}{N_{total} + k}$$

7.5. Clasificador Naïve Bayes con Variables Numéricas

Cuando los atributos son continuos, se puede:

- Discretizar las variables usando *KBinsDiscretizer*.
- Asumir distribución Gaussiana y usar la forma:

$$P(x_i|C_k) = \frac{1}{\sqrt{2\pi\sigma}} exp\left(-\frac{(x_i - \mu)^2}{2\sigma^2}\right)$$

7.6. Tipos de Naïve Bayes en Scikit-Learn

TIPO	USO PRINCIPAL	SUPOSICIÓN SOBRE LOS DATOS
GAUSSIANNB	Datos continuos	Distribución normal
MULTINOMIALNB	Conteo de palabras (texto)	Distribución multinomial
BERNOULLINB	Presencia/ausencia de características	Distribución de Bernoulli

7.7. Paso para preprocesamiento para Texto

En clasificación de texto, el preprocesamiento incluye:

- Eliminación de stopwords.
- Lematización.
- Transformación a vectores (por ejemplo, con *CountVectorizer* o *TfidfVectorizer*).
- Opcional: selección de atributos por frecuencia o puntuación de información.

7.8. Ventajas y Desventajas

- ✔ **Ventajas**: Simplicidad y velocidad, robusto con ruido y buen rendimiento incluso con datos no balanceados.
- ✔ **Desventajas**: Supone independencia entre variables (poco realista), puede fallar cuando hay correlaciones fuertes entre atributos y menor precisión comparado con modelos más complejos (árboles, SVM, redes).

7.9. Aplicaciones Comunes

- Clasificación de correos spam.
- Clasificación de texto por tema o sentimiento.
- Diagnóstico médico automatizado.
- Recomendadores basados en perfiles.
- Detección de fraude o intrusiones.

7.10. Ejercicios prácticos

7.10.1 Clasificación **de género con GaussianNB, dataset de voz humana**

Como hemos visto, este es uno de los algoritmos de Aprendizaje supervisado más potentes, vamos utilizar GaussianNB para predecir si una voz corresponde a un hombre o una mujer, basándose en características acústicas.

Vamos a comenzar importando los paquetes correspondientes, cargamos el dataset y un tratamiento a la variable objetivo, también aprovechamos y hacemos la división de los datos de entrenamiento y evaluación.

```
import pandas as pd
from sklearn.model_selection import train_test_split
from sklearn.naive_bayes import GaussianNB
from sklearn.preprocessing import LabelEncoder
from sklearn.metrics import classification_report

# Cargue del dataset
#https://www.kaggle.com/datasets/primaryobjects/voicegender
df = pd.read_csv('voice.csv')

# Preparacion de datos
X = df.drop(columns='label')
y = LabelEncoder().fit_transform(df['label']) # male=1, female=0

# División
X_train, X_test, y_train, y_test = train_test_split(X, y, test_size=0.3, random_state=42)
```

Generando y entrenando el modelo, tenemos

```
# Modelo
gnb = GaussianNB()
gnb.fit(X_train, y_train)
y_pred = gnb.predict(X_test)
```

Y evaluando el modelo entrenado

```
# Evaluación
print(classification_report(y_test, y_pred, target_names=["Female", "Male"]))
```

```
              precision    recall  f1-score   support

      Female       0.89      0.88      0.89       452
        Male       0.89      0.91      0.90       499

    accuracy                           0.89       951
   macro avg       0.89      0.89      0.89       951
weighted avg       0.89      0.89      0.89       951
```

Analizando por clase, tenemos que:

Clase 0 – Female:

- ✔ Precisión (0.89) indica que el modelo es muy confiable cuando predice "female".
- ✔ Recall (0.88) muestra que el 88% de todas las voces femeninas reales fueron correctamente clasificadas.
- ✔ F1-score (0.89) confirma un buen equilibrio entre precisión y recall.

Clase 1 – Male:

- ✔ Precisión (0.89)**:** gran proporción de aciertos al predecir "male".
- ✔ Recall (0.91**)**: el modelo identifica correctamente el 91% de las voces masculinas, lo cual es excelente.
- ✔ F1-score (0.90)**:** rendimiento general ligeramente superior que para la clase femenina.

Para concluir de ejercicio, podemos decir que el modelo tiene una exactitud general del 89%, lo que demuestra su eficacia con datos acústicos continuos, donde se cumple razonablemente la suposición de distribución normal por parte de GaussianNB.

7.10.2. Clasificación de clientes con MultinomialNB, dataset Bank Marketing

Ahora vamos a predecir si un cliente aceptará o no una oferta de producto bancario, utilizando variables categóricas codificadas, ideal para MultinomialNB

Continuamos con el mismo protocolo de los ejercicios pasados, importamos paquetes necesarios, cargamos el dataset(la url está en el código), también elegimos las características para el entrenamiento y adicionalmente codificamos las variables categóricas.

```
import pandas as pd
from sklearn.model_selection import train_test_split
from sklearn.naive_bayes import MultinomialNB
from sklearn.preprocessing import LabelEncoder
from sklearn.metrics import classification_report

# Cargue del dataset
#https://archive.ics.uci.edu/dataset/222/bank%2Bmarketing
df = pd.read_csv('bank.csv', sep=';')

# seleccion variables categoricas
cat_features = ['job', 'marital', 'education', 'contact', 'month', 'poutcome']
X = df[cat_features].copy()
y = LabelEncoder().fit_transform(df['y'])  # yes = 1, no = 0

# Codificacion variables categóricas
X_encoded = X.apply(LabelEncoder().fit_transform)
```

Dividimos los datos y entrenamos

```
# División de datos
X_train, X_test, y_train, y_test = train_test_split(X_encoded, y, test_size=0.3, random_state=42)

# Entrenamiento del modelo
mnb = MultinomialNB()
```

```
mnb.fit(X_train, y_train)
y_pred = mnb.predict(X_test)
```

Y evaluando tenemos

```
# Evaluación del modelo
print(classification_report(y_test, y_pred, target_names=["No", "Yes"]))
```

```
              precision    recall  f1-score   support

          No       0.89      1.00      0.94      1205
         Yes       0.00      0.00      0.00       152

    accuracy                           0.89      1357
   macro avg       0.44      0.50      0.47      1357
weighted avg       0.79      0.89      0.84      1357
```

Del resultado de la evaluación podemos decir que:

Clase 0 – No (cliente no acepta):

- ✔ Precisión de 0.89 y recall de 1.00: El modelo clasifica perfectamente todos los clientes que dijeron "no".
- ✔ F1-score de 0.94 indica excelente rendimiento en esta clase.

Clase 1 – Yes (cliente acepta):

- ✔ Precisión, recall y F1 de 0.00: El modelo no logra identificar ni un solo cliente que aceptó la oferta.

Nos damos cuenta de algo muy particular y es que el modelo se sestó totalmente para la clase mayoritaria, esto se debe a que el dataset está muy desbalanceado con 1205 casos de "no" versus solo 152 casos de "yes". Logra un accuracy alto (89%), pero este valor **es** engañoso. Podemos agregar que el accuracy no siempre es una buena métrica en datasets desbalanceados.

Por otro lado, para lograr un mejor en el entrenamiento se podría: Ajustar pesos de clase (class_weight='balanced' en otros modelos), Submuestreo de la clase mayoritaria o sobremuestreo de la clase minoritaria (SMOTE, ADASYN) y/o Probar modelos alternativos (árboles de decisión, random forest) que manejen mejor el desbalance.

7.10.3. Clasificación de texto con Naïve Bayes, dataset de spam

Ahora usaremos este algoritmo para clasificar correos electrónicos como *spam* o *ham* (no spam) usando MultinomialNB.

Implementemos el cargado del dataset, transformamos la variable objetivo a binario y además de eso realizamos una vectorización en el texto (transformar el texto a un vector numérico).

```
import pandas as pd
from sklearn.feature_extraction.text import CountVectorizer
from sklearn.model_selection import train_test_split

url = "https://raw.githubusercontent.com/justmarkham/pycon-2016-tutorial/master/data/sms.tsv"
df = pd.read_csv(url, sep='\t', header=None, names=['label', 'message'])

# transformacion de etiquetas
df['label'] = df['label'].map({'ham': 0, 'spam': 1})

# vectorización en el del message
vectorizer = CountVectorizer()
X = vectorizer.fit_transform(df['message'])
y = df['label']
```

Realizamos las respectivas divisiones de los datos, entrenamos y predecimos.

```
# División de datos
X_train, X_test, y_train, y_test = train_test_split(X, y, test_size=0.3, random_state=42)

# Entrenamiento del modelo
model = MultinomialNB()
model.fit(X_train, y_train)
```

```
# Prediccion
y_pred = model.predict(X_test)
```

Veamos la evaluación del modelo

```
print("Exactitud:", accuracy_score(y_test, y_pred))
print("\nReporte de Clasificación:\n", classification_report(y_test, y_pred, target_names=["Ham", "Spam"]))
```

```
Exactitud: 0.9850478468899522

Reporte de Clasificación:
               precision    recall  f1-score   support

         Ham       0.99      0.99      0.99      1448
        Spam       0.93      0.96      0.95       224

    accuracy                           0.99      1672
   macro avg       0.96      0.97      0.97      1672
weighted avg       0.99      0.99      0.99      1672
```

Analizando los resultados por clases, tenemos:

Clase Ham (Mensajes normales):

- ✔ Precisión de 0.99: Casi todos los mensajes clasificados como "ham" realmente eran legítimos.
- ✔ Recall de 0.99: El modelo casi no deja pasar falsos positivos (ham mal clasificados como spam).
- ✔ F1-score de 0.99: Altísimo balance entre precisión y recall.

Clase Spam (Correos no deseados):

- ✔ Precisión de 0.93: El 93% de los mensajes etiquetados como spam realmente lo eran.
- ✔ Recall de 0.96: El modelo captura el 96% de los mensajes spam reales.

✔ F1-score de 0.95: Excelente desempeño en la detección de spam.

De este ejercicio concluimos que el modelo logra una exactitud total del 98.5%, lo que indica un desempeño extraordinario en la tarea de clasificación de mensajes. El modelo Multinomial Naïve Bayes es altamente efectivo en tareas de texto, especialmente cuando se utilizan representaciones de datos basadas en conteos o frecuencia de palabras (CountVectorizer o TfidfVectorizer).

Tanto SVM como Naïve Bayes ofrecen enfoques potentes para la clasificación. SVM maximiza los márgenes de separación entre clases, mientras que Naïve Bayes aplica la teoría de probabilidad de manera simple y efectiva para la predicción.

Parte V: Selección y Ajuste de Hiperparámetros

La selección de hiperparámetros es una etapa crucial en la construcción de modelos de aprendizaje automático. A diferencia de los parámetros internos del modelo (que se aprenden durante el entrenamiento), los hiperparámetros son valores definidos antes del entrenamiento, que determinan el comportamiento del algoritmo.

Algunos ejemplos:

- Número de árboles en un Random Forest.
- Tasa de aprendizaje en modelos de Gradient Boosting.
- Valor de C y gamma en SVM.

Una configuración inadecuada puede llevar a un modelo con alto error de generalización, mientras que una correcta elección puede mejorar significativamente el rendimiento. Por ello, optimizar los hiperparámetros es una tarea clave para lograr modelos precisos y robustos.

Capítulo 8: Ajuste de modelos

8.1. ¿Qué es un Hiperparámetro?

Los hiperparámetros son variables externas al modelo que controlan aspectos como:

- La complejidad del modelo.
- El aprendizaje durante el entrenamiento.
- Las reglas de regularización para evitar sobreajuste.

Nota: No se aprenden directamente de los datos, sino que deben fijarse antes de entrenar el modelo.

Ejemplos de hiperparámetros por algoritmo

ALGORITMO	Hiperparámetros típicos
SVM	*C, gamma, kernel*
RANDOM FOREST	*n_estimators, max_depth, min_samples_leaf*
K-NN	*n_neighbors, weights, p*
REDES NEURONALES	*learning_rate, batch_size, hidden_layers*
REGRESIÓN LINEAL	*alpha*

8.2. Métodos de Búsqueda de Hiperparámetros

8.2.1. Búsqueda en Rejilla (Grid Search)

Consiste en evaluar todas las combinaciones posibles de hiperparámetros dentro de una rejilla definida manualmente. Es un enfoque exhaustivo, pero computacionalmente costoso.

Las principales ventajas son: Sencillo de implementar y que es capaz de explorar completamente el espacio definido.

Por otro lado, posee estas desventajas: Poco eficiente en espacios de alta dimensión y escalabilidad limitada.

Este método de búsqueda de hiperparametros es útil cuando el número de combinaciones es reducido y se quiere asegurar la mejor opción en un espacio pequeño.

8.2.2. Búsqueda Aleatoria (Random Search)

A diferencia del anterior, en lugar de probar todas las combinaciones, se muestran aleatoriamente combinaciones dentro del rango de valores. Según (Bergstra & Bengio, 2012), la búsqueda aleatoria de hiperparámetros puede superar en eficiencia a la búsqueda exhaustiva en espacios de alta dimensión.

Esto da como resultado una serie de ventajas tales como: Mayor eficiencia en alta dimensión, reducción de tiempo de cómputo y hallazgo de buenas combinaciones más rápido. En consecuencia, a su aleatoriedad se encuentran algunas desventajas como: No garantizar el hallazgo el óptimo global (mejor combinación) y, además, los resultados pueden variar en cada ejecución.

Este método se recomienda cuando el número de hiperparámetros es alto o no todos tienen el mismo impacto en el rendimiento.

8.3. Optimización Avanzada de Hiperparámetros

8.3.1. Optimización Bayesiana

Modelo probabilístico que estima la función objetivo (por ejemplo, el accuracy en validación cruzada) y guía las pruebas hacia combinaciones prometedoras usando procesos gaussianos u otros modelos probabilísticos.

8.3.2. Optimización basada en Gradiente

En algunos algoritmos (como redes neuronales), se puede calcular el gradiente con respecto a hiperparámetros y aplicar descenso por gradiente para optimizar.

8.3.3. Optimización Evolutiva

Aplica principios de algoritmos genéticos: mutación, selección, reproducción. Es útil para grandes espacios de búsqueda y problemas complejos.

8.4. Herramientas Populares en Python

TÉCNICA	LIBRERÍA	MÉTODO
GRID / RANDOM SEARCH	*GridSearchCV / RandomizedSearchCV*	scikit-learn
OPTIMIZACIÓN BAYESIANA	*BayesianOptimization, Optuna, Hyperopt*	Modelos Gaussianos
AUTOML	*auto-sklearn, TPOT*	Automatización del pipeline

8.5. Consideraciones Prácticas

- Para una exploración rápida la mejor opción es Random Search.
- Si deseamos refinar, Grid Search es la mejor opción en regiones prometedoras.
- Con el uso de validación cruzada podemos evitar el overfitting al conjunto de validación.
- Cada combinación usada y sus resultados se deben documentar.
- Por último, priorizar primero los hiperparámetros que más afectan el rendimiento.

8.6. Ejercicios prácticos

En estos ejercicios seremos un poco más agiles, ya que la parte de importe de paquetes, entrenamiento y evaluación del modelo, la hemos tocado varias veces, nos vamos a fijar en la parte de búsqueda de hiperparametros.

8.6.1. Ajuste de Hiperparámetros en Random Forest con GridSearchCV

Vamos a ajustar los hiperparámetros n_estimators y max_depth en un modelo Random Forest sobre el dataset Wine usando el algoritmo Grid Search.

```
from sklearn.datasets import load_wine
from sklearn.model_selection import train_test_split
from sklearn.ensemble import RandomForestClassifier
from sklearn.model_selection import GridSearchCV
from sklearn.metrics import accuracy_score

# Cargue del dataset
X, y = load_wine(return_X_y=True)

# División en entrenamiento y prueba
X_train, X_test, y_train, y_test = train_test_split(X, y, test_size=0.3, random_state=42)

# Definicion de modelo base
rf = RandomForestClassifier(random_state=42)

# Definir rejilla de hiperparámetros
param_grid = {
    'n_estimators': [10, 50, 100],
    'max_depth': [None, 3, 5, 10]
}

# Definicion de búsqueda con validación cruzada
grid_search = GridSearchCV(rf, param_grid, cv=5, scoring='accuracy')
grid_search.fit(X_train, y_train)
```

```
# Mejor combinación
print("Mejores hiperparámetros encontrados:", grid_search.best_params_)
# Predecir en el conjunto de prueba
best_rf = grid_search.best_estimator_
y_pred = best_rf.predict(X_test)

# Evaluar
print("Precisión final:", accuracy_score(y_test, y_pred))
```

```
Mejores hiperparámetros encontrados: {'max_depth': 3, 'n_estimators': 50}
Precisión final: 1.0
```

Como resultados del ajuste tenemos:

Mejores hiperparámetros encontrados

- ✔ n_estimators = 50: El bosque está compuesto por 50 árboles de decisión.
- ✔ max_depth = 3: Cada árbol está limitado a una profundidad máxima de 3 niveles, lo que controla el sobreajuste y mantiene la simplicidad.

Precisión final en el conjunto de prueba

- ✔ Accuracy = 1.0 (100%)

Siempre es importante considerar que el tamaño y complejidad del dataset importa mucho en la búsqueda de estos hiperparametros, en datasets pequeños y perfectos(nuestro caso) es muy fácil llegar a una precisión de 100%.

8.6.2. Ajuste de C y gamma en SVM con RandomizedSearchCV

Ahora vamos a usar búsqueda aleatoria para ajustar los hiperparámetros C y gamma en un modelo SVM con kernel RBF.

```
from sklearn.datasets import load_iris
from sklearn.svm import SVC
from sklearn.model_selection import RandomizedSearchCV
from scipy.stats import uniform

# Dataset Iris
X, y = load_iris(return_X_y=True)
# Definir modelo
svm = SVC(kernel='rbf', probability=True)

# definicion de espacio de búsqueda
param_dist = {
    'C': uniform(loc=0.1, scale=100),
    'gamma': uniform(loc=0.001, scale=0.1)
}

# Random Search con 30 combinaciones
random_search = RandomizedSearchCV(
    svm,
    param_distributions=param_dist,
    n_iter=30,
    cv=5,
    random_state=42,
    scoring='accuracy'
)

random_search.fit(X, y)
```

```
# resultados
print("Mejores parámetros:", random_search.best_params_)
print("Mejor puntuación (validación cruzada):", random_search.best_score_)
```

```
Mejores parámetros: {'C': 15.701864044243651, 'gamma': 0.016599452033620267}
Mejor puntuación (validación cruzada): 0.9866666666666667
```

En los resultados de ajustes tenemos:

Mejores hiperparámetros encontrados:

- ✔ C = 15.70: Este valor elevado de C implica que el modelo penaliza fuertemente los errores en el conjunto de entrenamiento, por lo que SVM buscará minimizar los errores a costa de márgenes más pequeños.
- ✔ gamma = 0.0166: Es un valor relativamente pequeño, hace que cada punto de datos tenga una influencia más amplia en la forma de la frontera de decisión, suavizando las curvas y evitando sobreajuste.

Mejor puntuación de validación cruzada:

- ✔ Accuracy = 98.67%: Significa que, en validación cruzada el modelo clasificó correctamente el 98.67% de los ejemplos.

Podemos concluir que la búsqueda aleatoria (RandomizedSearchCV) fue efectiva para encontrar una combinación poderosa de hiperparámetros de forma eficiente, sin necesidad de probar todas las combinaciones posibles (como en GridSearchCV).

Este ejercicio nos demuestra que un ajuste fino de hiperparámetros puede elevar sustancialmente el rendimiento de modelos de Machine Learning incluso en datasets clásicos.

Optimizar hiperparámetros permite construir modelos más precisos y robustos. La combinación de búsqueda sistemática y validación cruzada asegura mejores resultados al minimizar el riesgo de sobreajuste o subajuste.

Bibliografía

Bergstra, J., & Bengio, Y. (2012). Random search for hyper-parameter optimization. *The Journal of Machine Learning Research, 13*(1), 281–305.

Bishop, C. M., & Nasrabadi, N. M. (2006). *Pattern recognition and machine learning* (Vol. 4, Issue 4). Springer.

Cortes, C., & Vapnik, V. (1995). Support-vector networks. *Machine Learning, 20*, 273–297.

Goodfellow, I., Bengio, Y., Courville, A., & Bengio, Y. (2016). *Deep learning* (Vol. 1, Issue 2). MIT press Cambridge.

Hastie, T. (2009). *The elements of statistical learning: data mining, inference, and prediction*. Springer.

Jordan, M. I., & Mitchell, T. M. (2015). Machine learning: Trends, perspectives, and prospects. *Science, 349*(6245), 255–260.

Jorge Dagnino S. (2014). Regresión Lineal. *Rev Chil Anes*, 145–149.

Machinery, C. (1950). Computing machinery and intelligence-AM Turing. *Mind, 59*(236), 433.

Quinlan, J. R. (1986). Induction of Decision Trees. In *Machine Learning* (Vol. 1).

Russell, S., & Norvig, P. (2010). Artificial intelligence: a modern approach. 3rd. *Upper Saddle River, EUA: Prentice-Hall.*

Kolibri 360 GmbH
Ferdinand-Jühlke-Straße 7
99095 Erfurt, Deutschland
produktsicherheit@kolibri360.de

Druck:
CPI Druckdienstleistungen GmbH
im Auftrag der
Kolibri 360 GmbH
Ferdinand-Jühlke-Str. 7
99095 Erfurt